Heidi Anders

Die schnelle Stunde
Englisch

30 originelle Unterrichtsstunden ganz ohne Vorbereitung

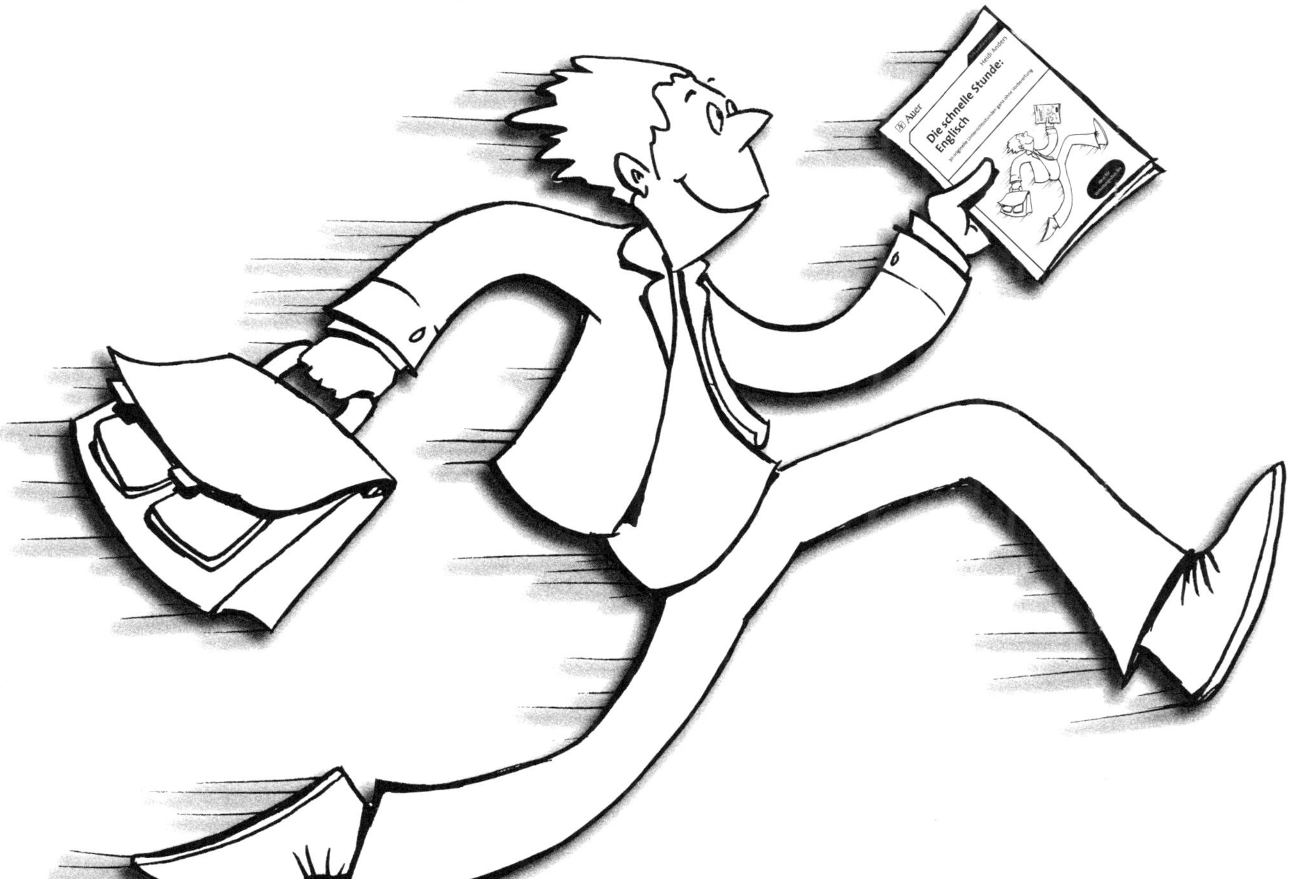

Die Internetadressen, die in diesem Werk angegeben sind, wurden vom Verlag sorgfältig geprüft (Redaktionsschluss März 2019). Da wir auf die externen Seiten weder inhaltliche noch gestalterische Einflussmöglichkeiten haben, können wir nicht garantieren, dass die Inhalte zu einem späteren Zeitpunkt noch dieselben sind wie zum Zeitpunkt der Drucklegung. Der Auer Verlag übernimmt deshalb keine Gewähr für die Aktualität und den Inhalt dieser Internetseiten oder solcher, die mit ihnen verlinkt sind, und schließt jegliche Haftung aus.
Hinweisen an info@auer-verlag.de auf veränderte Inhalte verlinkter Seiten werden wir selbstverständlich nachgehen.

Bildquelle:
S. 26: Deutschlandkarte: https://commons.wikimedia.org/wiki/File:Deutschland_topo.jpg Botaurus-stellaris [CC BY-SA 3.0 (http://creativecommons.org/licenses/by-sa/3.0/)] (leicht abgeändert)

Gedruckt auf umweltbewusst gefertigtem, chlorfrei gebleichtem und alterungsbeständigem Papier.

3. Auflage 2019
Nach den seit 2006 amtlich gültigen Regelungen der Rechtschreibung
© Auer Verlag
AAP Lehrerfachverlage GmbH, Augsburg
Alle Rechte vorbehalten
Das Werk und seine Teile sind urheberrechtlich geschützt. Jede Nutzung in anderen als den gesetzlich zugelassenen Fällen bedarf der vorherigen schriftlichen Einwilligung des Verlages.
Hinweis zu § 52 a UrhG: Weder das Werk noch seine Teile dürfen ohne eine solche Einwilligung eingescannt und in ein Netzwerk eingestellt werden. Dies gilt auch für Intranets von Schulen und sonstigen Bildungseinrichtungen.
Illustrationen: Barbara Schumann, Stefanie Aufmuth
Umschlagillustration: Julia Flasche
Satz: Typographie & Computer, Krefeld
Druck und Bindung: Aubele Druck GmbH, Kempten
ISBN 978-3-403-**06875**-4

www.auer-verlag.de

Inhaltsverzeichnis

Vorwort 4
Übersichtstabelle zu allen schnellen Stunden 5

ABC-string 6
The alphabet game 7
Battleship 8
Chat room acronyms 10
Commonwealth countries 12
Conversation game advanced level 16
Conversation game for beginners 19
Conversation game intermediate level 22
German geography in English 25
Games for beginners 28
Gedicht über *tenses* 29
Idiomatic expressions 31
Lesespiele 33
Mathematics in English 34
Mega mindmap 36
Memory® zu *false friends* 37
Memory® zum *simple past* 40
One sound, two meanings 43
Proverbs 46
Pseudo-anglicisms 49
Rätselstunde 51
Verb rap 54
Schulung der Wahrnehmung 56
Stylistic devices 58
Travel quiz 61
Computer words 62
Vokabelspiele 64
Who, what, where, when 65
Wortfeld *discussion language* 69
Wortfeld *expressions for comment writing* 71

Vorwort

Liebe Kolleginnen und Kollegen,

das vorliegende Heft erweitert die bisher im Auer Verlag angebotene Publikationsreihe „Die schnelle Stunde" um das Fach Englisch. Der Band hat es sich zum Ziel gesetzt, Materialien und Stundenvorschläge anzubieten, die ohne große Vorbereitung bzw. Vorarbeit schnell und effektiv eingesetzt werden können.
Der dafür gedachte Rahmen sind Vertretungsstunden in unbekannten Klassen und v. a. auch der eigene Unterricht, wenn Sie Material suchen, das bei den Schülern[1] einen Motivationsschub bewirken kann oder das Sie als Ergänzung bzw. Abwechslung zum laufenden Unterricht heranziehen können. Zudem eignen sich viele Vorschläge auch zur Freiarbeit oder sie lassen sich in Zeiten hoher Belastung als Lückenfüller zur eigenen Entlastung einsetzen.

Die dargebotenen Materialien können Sie lehrwerksunabhängig einsetzen, obgleich sie nicht losgelöst von den Inhalten der Lehrpläne konzipiert wurden.
Sie orientieren sich an den traditionellen Lehr- und Lernfeldern des Englischunterrichts (Lexik, Grammatik, interkulturelles Lernen) und bieten dabei auf kreativ-spielerische Weise eine sinnvolle Beschäftigung mit zentralen Bereichen des Englischunterrichts. Allerdings wurde in sehr vielen Fällen der Akzent auf eine größtmögliche Eigensteuerung der Schüler gelegt.
Eine abwechslungsreiche und unterhaltsame Sammlung an Kopiervorlagen integriert eine Vielfalt an Aufgabenformaten und Sozialformen, um bestimmte Inhalte des Englischunterrichts zu wiederholen, zu üben und zu vertiefen.
Zur schnellen Orientierung finden Sie zu jeder Stunde eine Kurzbeschreibung, die Informationen zur Klassenstufe, Dauer, benötigtem Material sowie zur Vorbereitung und zum Ablauf der Stunden, aber auch zu entsprechenden Lernzielen sowie Varianten und hilfreichen Hinweisen darbietet. Ebenfalls wird für die meisten Stunden eine Kopiervorlage bzw. ein Lösungsblatt zur Verfügung gestellt. In manchen Fällen können Sie den zeitlichen Rahmen von 45 auf 90 Minuten ausdehnen.

Für eine Orientierung auf einen Blick wurden regelmäßig wiederkehrende Begriffe mit den folgenden Icons veranschaulicht:

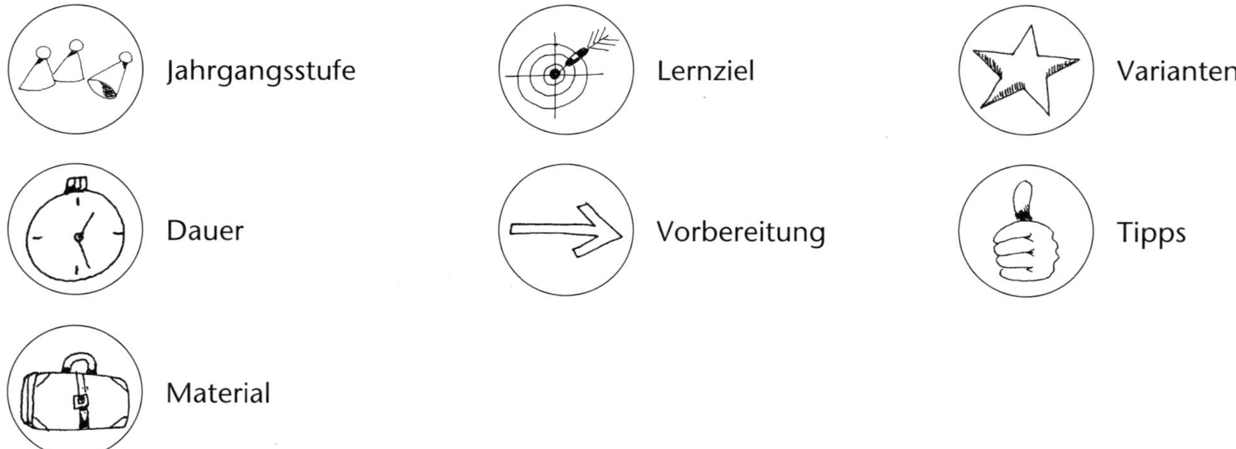

Ich wünsche Ihnen viel Freude und Erfolg mit den vorgestellten Materialien.

Heidi Anders

[1] Anmerkung: Wenn in diesem Buch von Schüler gesprochen wird, ist immer auch die Schülerin gemeint. Ebenso verhält es sich mit Lehrer und Lehrerin.

Übersichtstabelle zu allen schnellen Stunden

	Kl. 5	Kl. 6	Kl. 7	Kl. 8	Kl. 9	Kl. 10	Kl. 11	Kl. 12	kopieren	Material	erweiterbar auf 90 min
ABC-string		x	x	x	x					x	x
The alphabet game		x	x							x	
Battleship	x	x	x						x		
Chat room acronyms					x	x			x		
Commonwealth countries				x	x	x			x	x	
Conversation game advanced level							x	x	x	x	
Conversation game for beginners	x	x	x						x	x	
Conversation game intermediate level				x	x	x			x	x	
German geography in English				x	x	x			x	x	
Games for beginners	x	x								x	x
Gedicht zu *tenses*					x	x	x	x	x		
Idiomatic expressions						x	x	x	x	x	
Lesespiele	x	x	x							x	
Mathematics in English	x	x							x		
Mega mindmap	x	x	x	x	x	x	x	x		x	x
Memory® zu *false friends*				x	x	x			x	x	
Memory® zum *simple past*	x	x							x	x	
One sound, two meanings			x	x	x				x		
Proverbs						x	x	x	x		
Pseudo-anglicisms					x	x	x	x	x		
Rätselstunde	x	x							x		
Verb rap			x	x	x				x	x	
Schulung der Wahrnehmung				x	x	x				x	
Stylistic devices						x	x	x	x		
Travel quiz			x	x	x	x				x	x
Computer words				x	x	x			x	x	
Vokabelspiele	x	x	x							x	x
Who, what, where, when			x	x	x				x	x	
Wortfeld *discussion language*							x	x	x	x	x
Wortfeld *expressions for comment writing*							x	x	x	x	x

ABC-string

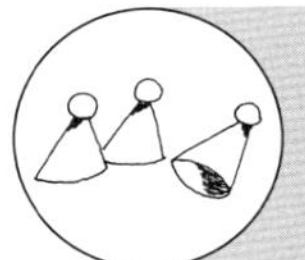

6.–9. Klasse

45–90 min

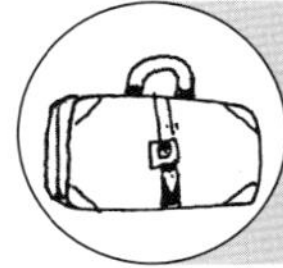

gelochte Karteikärtchen in DIN-A6-Größe (d.h. ca. 30–40 pro Gruppe), Paketschnur, Stifte

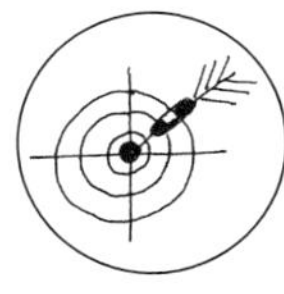

Sammeln bzw. Reaktivieren möglichst vieler Wörter in alphabetischer Reihenfolge zu einem vorgegebenen Thema

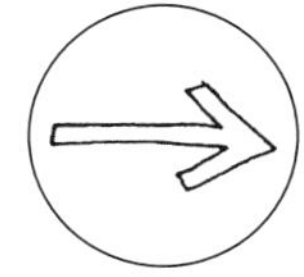

Lochen der Karteikärtchen, sodass sie auf der Paketschnur aufgehängt werden können; Zurechtschneiden der Paketschnur

Die Klasse wird in Gruppen à 4 Schüler eingeteilt. Jede Gruppe erhält einen ausreichend langen Faden Paketschnur und einen Stoß Karteikärtchen. Entweder gibt der Lehrer einen Themenbereich vor oder die Klasse entscheidet sich zusammen für ein Thema. Jede Gruppe versucht nun, falls möglich, pro Buchstabe des Alphabets Wörter zum vorliegenden Themenbereich auf ein Karteikärtchen zu schreiben. Beispiel zum Themenbereich environment: *acid rain – bottle bank – chemical waste – detergent* etc. Dabei können die Schüler pro Buchstabe des Alphabets mehr als ein Wort notieren. Die Kärtchen werden nach Abschluss in alphabetischer Reihenfolge auf die Schnur gefädelt und im Klassenzimmer aufgehängt.

Die Vorgehensweise kann auch als Wettbewerb durchgeführt werden, indem die Kärtchen innerhalb einer vorgeschriebenen Zeit beschriftet werden. Es gewinnt die Gruppe, die die meisten Wörter gefunden hat.

Diese Unterrichtsidee kann auf 90 Minuten ausgedehnt werden. Hierzu sollen die Schüler nicht nur die Wörter finden, sondern die Kärtchen grafisch gestalten, indem sie kleine Zeichnungen anfertigen.

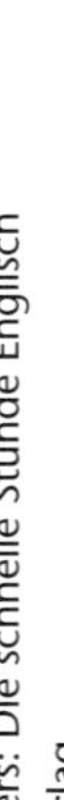
Heidi Anders: Die schnelle Stunde Englisch
© Auer Verlag

The alphabet game

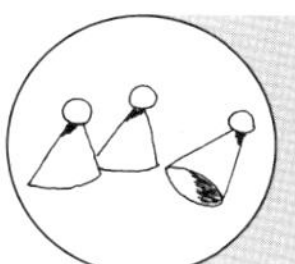

6.–7. Klasse

45 min

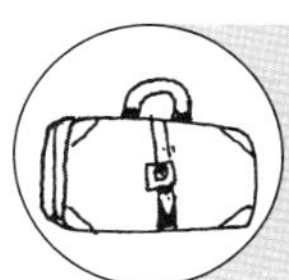

Tafel, Schmierblatt, Stift

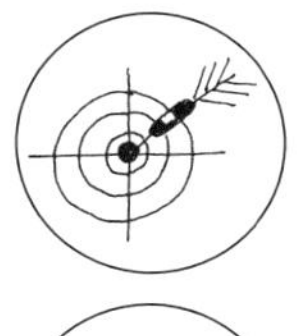

themenspezifische Wiederholung von Wortschatz zu bestimmten lexikalischen Feldern

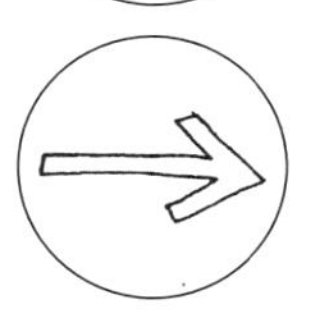

Einteilen der Klasse in Gruppen à 4 Schüler

Jeder Schüler einer Vierergruppe legt ein Blatt nach dem Vorschlag des Lehrers an, der zur Verdeutlichung die unten stehende Tabelle als ein mögliches Beispiel an der Tafel skizziert. Ein Spieler pro Gruppe sagt still das Alphabet auf, bis ein anderer „*Stop!*" ruft. Der Buchstabe wird laut genannt und jeder Schüler der Gruppe notiert pro Kategorie einen Begriff mit dem genannten Anfangsbuchstaben (analog zu Stadt-Land-Fluss). Wer als Erster einen Begriff in jedem Feld hat, ruft „*Finished!*" und die anderen Mitspieler der Gruppe hören auf zu schreiben. Dann werden die Punkte nach folgendem Muster vergeben:
0 points: No answer, wrong answer.
5 points: More than one player has got the same answer.
10 points: Several players have got different answers.
20 points: Only one player has got one correct answer.

Die Punkte werden zusammengezählt und notiert. Dann beginnt das Spiel wieder. Dies kann beliebig oft wiederholt werden.

Muster für einen Spielbogen, der an der Tafel skizziert werden kann:

school word	holiday word	city word	activity	adjective	credits

Weitere Kategorien könnten sein:
weather word
sport/hobby
grammar word
house word
London/New York word

In kleineren Klassen bzw. Lerngruppen kann das Spiel auch zusammen durchgeführt und somit ein Klassensieger ermittelt werden. In diesem Fall und auch, wenn in Gruppen gespielt wird, können am Ende ungewöhnliche Einfälle in der Klasse präsentiert und besprochen werden.

Heidi Anders: Die schnelle Stunde Englisch
© Auer Verlag

Battleship

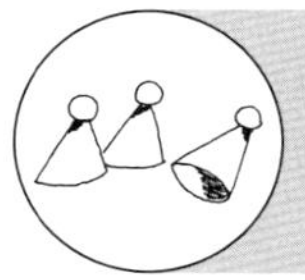

5.–7. Klasse

45 min

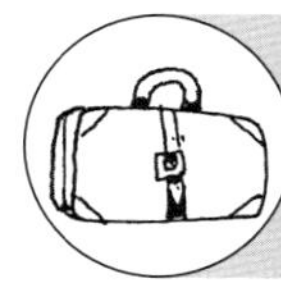

Arbeitsblatt, Tafel, Stift

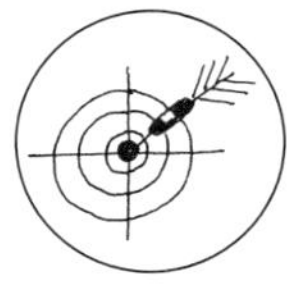

spielerische Wiederholung von Lexik im Rahmen semantischer Felder

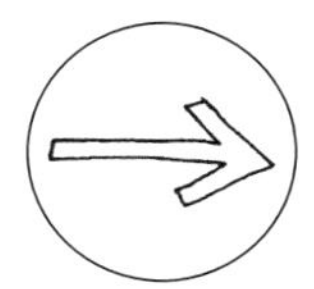

Arbeitsblatt kopieren

Die Schüler arbeiten in Partnerarbeit bzw. spielen gegeneinander und erhalten dafür jeweils einen Spielbogen. Sie setzen sich so, dass der Partner den Bogen des anderen nicht einsehen kann oder stellen ein Buch zwischen sich. Der Lehrer informiert, dass ein ähnliches Spiel wie „Schiffe versenken" gespielt wird (die Regeln dürften den Schülern bekannt sein), nur dass nicht Schiffe, sondern Wörter versenkt werden. Zunächst notiert der Lehrer einige semantische Felder an der Tafel (z. B. *weather, classroom, food* etc.). Jeder Schüler denkt sich nun zum genannten Oberbegriff 5 Wörter verschiedener Länge aus und trägt diese auf dem Spielbogen *My ships* horizontal oder vertikal in sein Gitter ein. Einer der beiden Partner beginnt nun das Spiel, indem Felder abgefragt werden (z. B. H3, D9, E6 etc.). Befindet sich auf dem genannten Feld nichts, so lautet die Antwort *water* und der andere Schüler darf weitermachen. Befindet sich auf dem abgefragten Feld ein Buchstabe, so lautet die Antwort *hit* und der Schüler nennt den betreffenden Buchstaben. Der Schüler, der den *hit* erzielt hat, darf so lange weiterfragen, bis die Antwort wieder *water* lautet. Ist ein Wort vollständig gefunden bzw. somit versenkt, so lautet die Antwort *sunk*. Nach jeder Abfrage notiert sich der fragende Schüler auf dem Spielbogen *My hits* im entsprechenden Gitterpunkt entweder ein Kreuz (x) für *water* oder den entsprechenden Buchstaben. Gewonnen hat der Schüler, der zuerst alle Wörter des anderen gefunden und damit dessen Schiffe versenkt hat.

Beispiel zum Thema food:

	1	2	3	4	5	6	7	8	9	10
A		s	a	n	d	w	i	c	h	
B								h		b
C			c	o	o	k	i	e		r
D			a					e		e
E			k					s		a
F			e					e		d

Durch den Wettbewerbscharakter fühlen sich die Schüler angespornt, sich intensiver mit Lexik zu befassen. Nebenbei kommen auch Zahlen und Buchstaben in begrenztem Umfang auf Englisch zum Einsatz.

Das Spiel kann auch für unregelmäßige Verben eingesetzt werden.

Heidi Anders: Die schnelle Stunde Englisch
© Auer Verlag

Battleship

My ships

	1	2	3	4	5	6	7	8	9	10
A										
B										
C										
D										
E										
F										
G										
H										
I										
J										

My hits

	1	2	3	4	5	6	7	8	9	10
A										
B										
C										
D										
E										
F										
G										
H										
I										
J										

Heidi Anders: Die schnelle Stunde Englisch
© Auer Verlag

Chat room acronyms

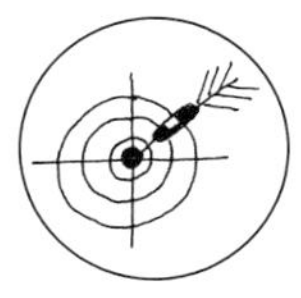

Kennenlernen bzw. Erweiterung von Chat-Abkürzungen und deren ausgeschriebener Entsprechung

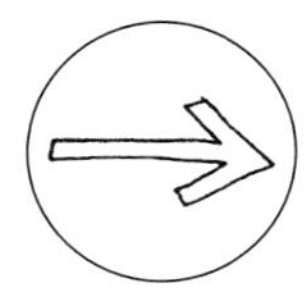

Arbeitsblatt kopieren

Die Bedeutung von Akronymen im Leben der Schüler wächst durch den intensiven Gebrauch des Internets und des Handys.
Die Schüler erhalten das Arbeitsblatt und knicken zunächst die Lösungen an der gestrichelten Linie so um, dass sie nicht mehr zu lesen sind. Nun versuchen sie in Partnerarbeit, die Akronyme der linken Spalte den ausgeschriebenen Varianten in der rechten Spalte zuzuordnen, indem sie Buchstaben und Zahlen zueinander gruppieren. Danach kontrollieren sie sich selbst anhand der Lösungen und ergänzen die Liste je nach verbliebener Zeit durch zusätzliche, ihnen bekannte Akronyme.
Weitere Akronyme finden sich hier: http://www.netlingo.com/acronyms.php

Bei entsprechender Aufbereitung des Materials kann diese Übung auch als Memory®-Spiel durchgeführt werden. Ebenfalls denkbar ist eine anschließende Sicherungsphase in Form eines Quiz. Um die kommunikative Anwendung zu integrieren, kann von den Schülern ein kurzer Dialog in Partnerarbeit verfasst werden, der eine vorgegebene Anzahl an Akronymen enthalten soll.

Vor dem Ausfüllen des Arbeitsblatts kann ein Unterrichtsgespräch mit den Schülern geführt werden, indem der Begriff *acronym* besprochen wird. Zudem können Sie mit den Schülern bereits bekannte Beispiele sammeln. Weitere Punkte, die im Anschluss an die Übung besprochen werden können, sind einerseits die Gründe für den gehäuften Einsatz von Akronymen im Bereich elektronischer Kommunikation bzw. typische Situationen, in denen Akronyme verwendet werden sowie die Auswirkungen der Akronyme auf die Sprache. Wenn ein Internetanschluss vorhanden ist, kann auch das Internet als Hilfsmittel herangezogen werden.

Heidi Anders: Die schnelle Stunde Englisch
© Auer Verlag

What you would write in a chat room?

Match the letters (acronyms) on the left with their corresponding numbers (full expressions or sentences) on the right.

Acronym	full expression or sentence
a) H&K	1. see you later
b) HAGN	2. do it yourself
c) RYS	3. wait
d) SLM	4. just kidding
e) LOL	5. have a good night
f) CRBT	6. in my opinion
g) NBD	7. keep in touch
h) SWIM	8. female
i) BTW	9. lots of love / laughing out loud
j) POV	10. What are you doing
k) IJWTS	11. no problem
l) JK	12. age, sex, location
m) IOW	13. bye for now
n) ASL	14. see what I mean
o) BFN	15. read your screen
p) CUL8R	16. I am sorry
q) DIY	17. parents are listening
r) IMO	18. hugs and kisses
s) F	19. see last mail
t) NP	20. in my experience
u) PAL	21. because
v) KIT	22. point of view
w) W8	23. crying real big tears
x) WAYD	24. by the way
y) IMS	25. hope it helps
z) IME	26. I just want to say
aa) HIH	27. no big deal
bb) B/C	28. mind your own business
cc) GMAB	29. give me a break
dd) MYOB	30. in other words

fold here

Solutions: a18, b5, c15, d19, e9, f23, g27, h14, i24, j22, k26, l4, m30, n12, o13, p1, q2, r6, s8, t11, u17, v7, w3, x10, y16, z20, aa25, bb21, cc29, dd28

Heidi Anders: Die schnelle Stunde Englisch
© Auer Verlag

Commonwealth countries

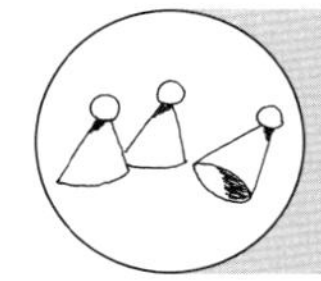

8.–10. Klasse

45 min

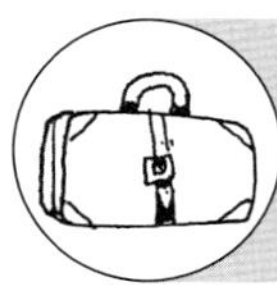

Arbeitsblätter, Wandkarte der Welt, Lösungsfolie, Stift

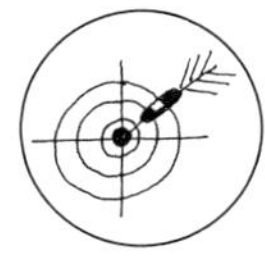

Sicherung geografischer und inhaltlicher Kenntnisse bezüglich wichtiger Länder des Commonwealth

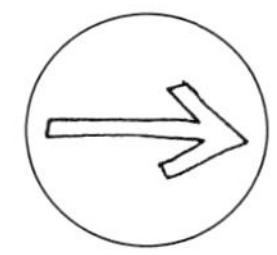

Arbeitsblätter und Lösungsfolie kopieren, Wandkarte besorgen

Das zur Verfügung gestellte Material bietet die Chance, Länder des Commonwealth nicht isoliert, sondern in einer Zusammenschau kurz zu betrachten. Die Schüler erhalten das Arbeitsblatt und tragen die benannten Länder in den Umriss der Weltkarte ein. Dann sollten anhand der im Klassenzimmer aufgehängten Weltkarte die geografischen Kenntnisse der Schüler überprüft werden. Auf der Rückseite des Arbeitsblatts können die Schüler in einem nächsten Schritte zu den Ländern gehörende Adjektive üben und auch inhaltliche Kenntnisse anwenden, indem der Lückentext vervollständigt wird.

Statt der Wandkarte kann auch das Internet verwendet werden, indem mit einer entsprechenden Seite gearbeitet wird, die eine Weltkarte zeigt.
Es besteht auch die Möglichkeit, dass jeder Schüler zunächst selbst eine Weltkarte zeichnet, die mit einer genauen Karte verglichen und entsprechend adaptiert wird.

Als kommunikative Hinführung bietet sich ein Unterrichtsgespräch an, im Zuge dessen englischsprachige Länder genannt und von den Schülern in diesen Ländern bekannte Bräuche oder Besonderheiten benannt werden.

Lösungen:
Jerome Boateng plays for the German national team, but he is of Ghanaian origin. Ghana is one of the countries that took part in the 2010 Football World Cup in South Africa. During this big tournament the South African nation was anxious to present itself as a friendly and peaceful country. It did not only want to host a perfect event, but it also wanted to present what is typical of the country like the big five: the lion, the elephant, the African buffalo, the leopard and the rhinoceros.
On the whole, football is on the up and up on the African continent and Botswanan, Kenyan and Nigerian governments are eager to have successful national teams. All the members of the Commonwealth of Nations were former British colonies and apart from Africa the British also had a stronghold in the Americas. This hat shows the Canadian flag. In Canada there are two official languages: English and French. Much further down in the south you find islands where summer lasts for 12 months. Bob Marley comes from Jamaica and made the Jamaican music popular. Jamaica is to be found in what we call the Caribbean; the Bahamas are a further example of that region. Nassau is the Bahamian capital. Malaysia is on the other side of the globe, but it is a paradise, too. And you would probably not say "no" to a holiday on the Seychelles. The Malaysian and the Seychellois cultures are very different from ours, but this is what makes them so interesting. Let's travel to Asia now and stop briefly in India and Pakistan. In the last decades many Indian, Sri Lankan and Pakistani immigrants came to the United Kingdom in search of a better life. The Australian flag shows some similarities with the Union Jack. The continent "Down Under" served as a colony for convicts and is famous for its breathtaking scenery and famous animals. The New Zealand flag is almost identical with the Australian one and the country is equally interesting. Do you know which successful film was shot there? Yes, it is The Lord of the Rings.

Heidi Anders: Die schnelle Stunde Englisch
© Auer Verlag

The Commonwealth of Nations – page 1

In this map, fill in the following countries: *Pakistan, Jamaica, Canada, Australia, Seychelles, New Zealand, Kenya, Ghana, India, South Africa, Nigeria, Bahamas, Sri Lanka, Malaysia, Botswana*

Heidi Anders: Die schnelle Stunde Englisch
© Auer Verlag

The Commonwealth of Nations – page 2

Let's see how knowledgeable you are about these countries. Complete the following gap text; there is always some information that will help you. Sometimes the context helps you, sometimes there are little drawings, sometimes there are instructions in brackets and sometimes you must find the word by finding the right order of the letters in brackets.

Jerome Boateng plays for the German national team, but he is of ____________________________ (Ghaaanni) origin. Ghana is one of the countries that took part in the 2010 Football World Cup in South Africa. During this big tournament the ________________________________ (fill in the adjective that goes with *South Africa*) nation was anxious to present itself as a friendly and peaceful country. It did not only want to host a perfect event, but it also wanted to present what is typical of the country like the big five: the __________________, the ____________________________ (it is very big and grey), the African ________________________ (white settlers hunted them in America so that they almost died out), the ________________________ and the ________________________________.

On the whole, football is on the up and up on the African continent and the ______________________________ (Btsowaann), ____________________________ (Knnyae) and ____________________________ (Niieargn) governments are eager to have successful national teams.

All the members of the Commonwealth of Nations were former British ____________________________ and apart from Africa the British also had a stronghold in the Americas. This hat shows the

Heidi Anders: Die schnelle Stunde Englisch
© Auer Verlag

The Commonwealth of Nations – page 3

______________________ flag. In Canada there are two official languages: ______________________ and ______________________. Much further down in the south you find islands where summer lasts for 12 months. Bob Marley comes from Jamaica and made the ______________________ (fill in the adjective going with *Jamaica*) music popular. Jamaica can be found in what we call the ______________________ (neabbiraC); the Bahamas are a further example of that region. ______________ is the ______________________ (Bhmaaain) capital. Malaysia is on the other side of the globe, but it is a paradise, too. And you would probably not say "no" to a holiday on the Seychelles. The ______________________ (fill in the adjective that goes with *Malaysia*) and the Seychellois cultures are very different from ours, but this is what makes them so interesting. Let's travel to Asia now and stop briefly in India and Pakistan. In the last decades many ______________ (fill in the adjective that goes with *India*), ______________________ (fill in the adjective that goes with *Sri Lanka*) and ______________________ (fill in the adjective that goes with *Pakistan*) immigrants came to the United Kingdom in search of a better life. The Australian flag shows some similarities with the ______________________ (fill in the name of the UK flag). The continent "Down Under" served as a colony for ______________________ (fill in another word for *criminals*) and is famous for its breathtaking scenery and famous animals. The __________ ______________________ (ewN Zaaendl) flag is almost identical with the ______________________ (fill in the adjective that goes with *Australia*) one and the country is equally interesting. Do you know which successful film was shot there? Yes, it is ______________________________.

Heidi Anders: Die schnelle Stunde Englisch
© Auer Verlag

Conversation game advanced level

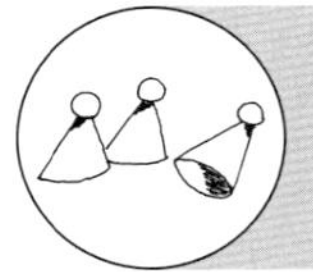

11.–12. Klasse

45 min

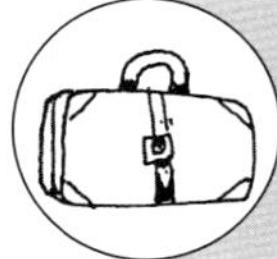

je ein Spielplan und eine Spielanleitung pro Gruppe, Schmierblatt, Würfel, Spielfiguren (z. B. Geldmünzen), Stift

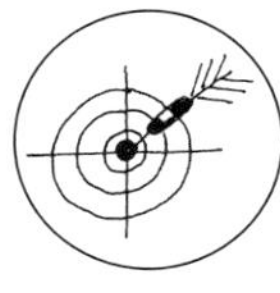

Formulieren kurzer, begründeter und reflektierter Stellungnahmen zu aktuellen Themen in vorgegebenen Situationen; Einschätzung von Schülerleistungen durch Schüler

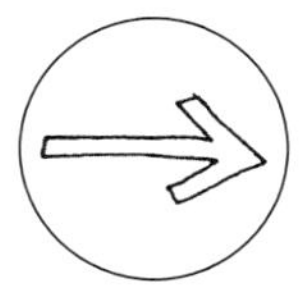

Spielplan und Spielanleitung kopieren

Die Schüler erhalten in Vierergruppen je ein Spielbrett und je eine Spielanleitung. Nachdem jede Gruppe die Spielanleitung gelesen hat, kann das Spiel beginnen. Es können pro Stunde bis zu 2 Runden gespielt werden. Die Schüler spielen nicht nur miteinander, sie sollen auch selbst Punkte für jede Äußerung vergeben.

Vor dem Hintergrund der Stufengerechtheit haben die Schüler bei diesem Konversationsspiel die Möglichkeit, sich zu einer Vielzahl von sie ansprechenden und für sie relevanten Themen zu äußern

Heidi Anders: Die schnelle Stunde Englisch
© Auer Verlag

Conversation game advanced level

Rules:

- You must always talk in full English sentences.
- Write down your points on a sheet of paper.
- Ask your teacher when you are not sure if language and content are correct.
- After having given an answer, the other three players assess it. You may give
  5 points for a very good answer.
  4 points for a good answer.
  3 points for a satisfactory answer.
  2 points for a weak answer.
  1 point for an answer which is barely acceptable.
  0 points for no answer at all.
- You should consider both language and content when you choose the number of points. Please be fair!
- The first on the finish field gets another 3 points and the game is over. Count the points of each pupil. The player with the highest score is the winner.

Heidi Anders: Die schnelle Stunde Englisch
© Auer Verlag

Conversation game advanced level

START	1) Talk about the dangers of the internet.	2) How often and when do you use your mobile?	3) Recommend your favourite book to someone.	4) What do you think of computer games?	5) Why or why not would you work for your school magazine?	6) Put forward arguments that speak for lowering the voting age to 16.	7) How do you use your computer?	8) What does a perfect evening at the cinema look like?	9) *Why don't you take a one-round break after all these exhausting questions?*
10) Give your opinion about the present German government.	11) Apologize for being late for a lesson.	12) Explain your attitude towards the American way of life.	13) Convince your partners that your next class trip should be made to London.	14) *Your mood today is excellent. Go forward to the next field.*	15) What is important in children's education?	16) *Your mother has just increased your pocket money. 2 more points for everyone.*	17) How can you save energy at home?	18) Tell your headmaster what can be improved at your school.	19) Which are your best character traits? Give three examples.
20) How can you convince your parents that you would like to go on holiday alone?	21) *There is no more electricity! Go back to field 16.*	22) Explain why you are a vegetarian.	23) Persuade the others not to go to fast food restaurants any more.	24) How would you punish binge drinking?	25) Explain why or why not smoking in public should be banned.	26) Tell an English joke.	27) Name prejudices you have towards the English and explain where they come from.	28) Convince the other players that you deserve 3 extra points.	29) How do you tell your boyfriend/girlfriend that you would like to break off?
30) Tell your parents why you need a TV in your bedroom.	31) How can you prevent young people from using their mobiles too often?	32) Explain the rules of your favourite sport.	33) *Because of too much work, you have overslept and need two breaks.*	34) Explain why English is a very important subject.	35) Explain why it is important to do volunteer work.	36) You work at an electronics company and a costumer complains about a CD-player. How do you react?	37) Argue in favour of wind power.	38) Advertise your favourite movie.	FINISH

Heidi Anders: Die schnelle Stunde Englisch
© Auer Verlag

Conversation game for beginners

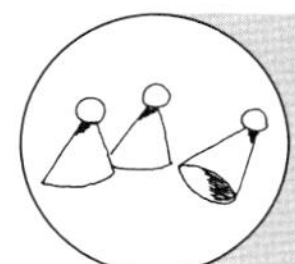

5.–7. Klasse

45 min

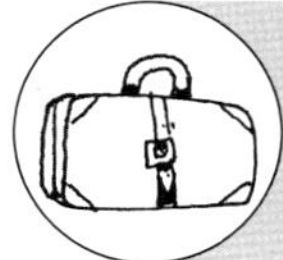

je ein Spielplan und eine Spielanleitung pro Gruppe, Schmierblatt, Würfel, Spielfiguren (z. B. Geldmünzen), Stift

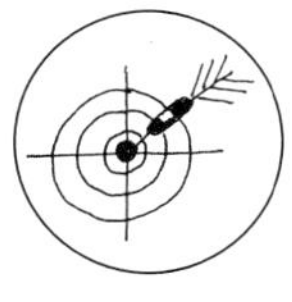

spielerische Wiederholung grundlegender kommunikativer Situationen bzw. zentraler Grammatik- und Lexikfelder

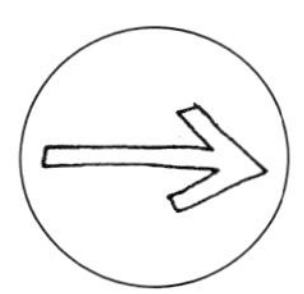

Spielplan und Spielanleitung kopieren

Die Schüler erhalten in Vierergruppen je ein Spielbrett und je eine Spielanleitung. Nachdem jede Gruppe die Spielanleitung gelesen hat, kann das Spiel beginnen. Es können pro Stunde bis zu 3 Runden gespielt werden. Die Schüler spielen nicht nur miteinander, sie sollen auch selbst Punkte für jede Äußerung vergeben.

Vor dem Hintergrund der Stufengerechtheit haben die Schüler bei diesem Konversationsspiel die Möglichkeit, sich zu einer Vielzahl von sie ansprechenden und für sie relevanten Themen zu äußern.

Heidi Anders: Die schnelle Stunde Englisch
© Auer Verlag

Conversation game for beginners

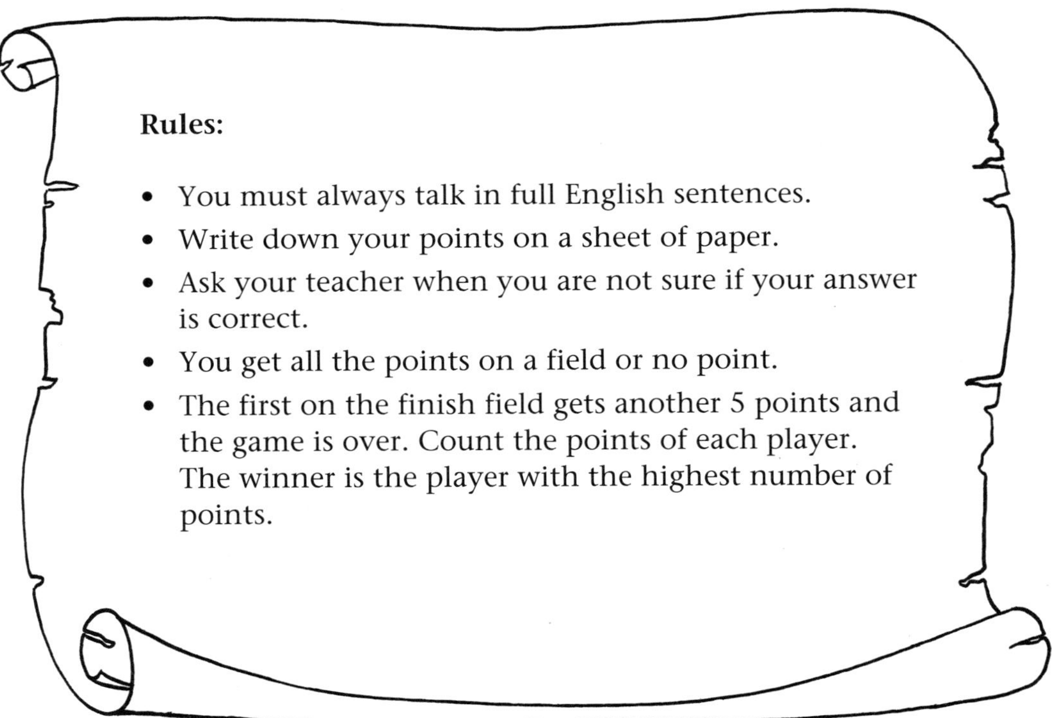

Rules:

- You must always talk in full English sentences.
- Write down your points on a sheet of paper.
- Ask your teacher when you are not sure if your answer is correct.
- You get all the points on a field or no point.
- The first on the finish field gets another 5 points and the game is over. Count the points of each player. The winner is the player with the highest number of points.

Extra activites and their points

Watch out for the underlined fields!

field number	extra activity and points
3	1 more point: How old is your mother?
6	No point for you, but 1 more point for him/her.
12	Is your answer wrong? Everyone loses 2 points.
15	1 extra point for you.
16	Is your answer correct? 1 more point for everyone.
20	Count from 70 to 79 and get 4 more points.
23	1 point for the correct question, 1 point for the correct answer.
30	Ask someone about his/her last holidays and give him/her another 6 points for a very good answer.
37	If you want to have another 6 points, then you must sing an English song.

Heidi Anders: Die schnelle Stunde Englisch
© Auer Verlag

Heidi Anders: Die schnelle Stunde Englisch
© Auer Verlag

Conversation game for beginners

START	1) Talk about your family. **4 points**	2) How old are you? **1 point**	3) Name 5 things on your desk. **3 points**	4) What do you know about London? Give 4 examples. **5 points**	5) Count from 20 to 0. **3 points**	6) Tell someone to spell the English word for *unterschiedlich*.	7) Talk about today's weather. **2 points**	8) *It's raining. Pause for one round.*	9) How do you start a letter? **1 point**
10) What is your telephone number? **2 points**	11) *A dog is chasing you. Go back to field 5.*	12) In English, please: 57, 98, 143, 369. **4 points**	13) What time is it? **2 points**	14) What must you do in an English lesson? Give 3 examples. **6 points**	15) Congratulations!	16) Give the plural: child, woman, box, foot. **4 points**	17) What do you often do? Give 2 examples. **4 points**	18) Spell your name. **2 points**	19) What can't you do in your bedroom? Give 2 examples. **4 points**
20) Describe the place where you live. **4 points**	21) What have you got in your bedroom? Give 3 examples. **3 points**	22) *You are meeting with your friend. Take two breaks.*	23) Ask someone a question.	24) What are you going to do at the weekend? Give 2 examples. **4 points**	25) What do you normally do in the evening? Give 1 example. **1 point**	26) Talk about your favourite hobby. **2 points**	27) Do you like to get up early? **1 point**	28) What are you doing at the moment? **1 point**	29) Have you got a dog? **1 point**
30) Talk about your last holidays. Say where you were and what you did. **6 points**	31) Describe your town/village. **4 points**	32) You would like to buy new trousers. Play the dialogue with someone. **6 points**	33) Which is your favourite subject? **1 point**	34) What can you buy at a supermarket? Give 4 examples. **2 points**	35) What colour is your pencil case? **1 point**	36) Talk about your pct. **3 points**	37) STOP!	38) Describe your classroom. **3 points**	Finish

Conversation game intermediate level

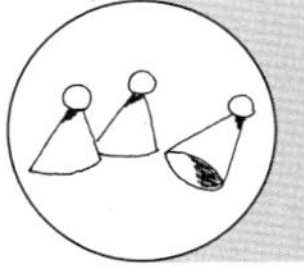

8.–10. Klasse

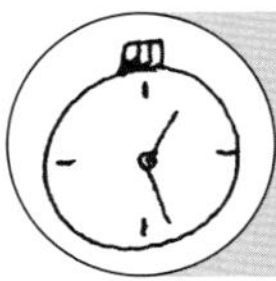

45 min

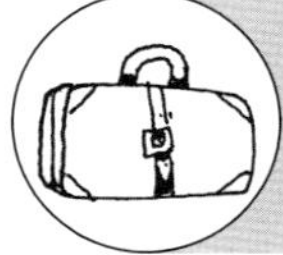

je ein Spielplan und eine Spielanleitung pro Gruppe, Schmierblatt, Würfel, Spielfiguren (z. B. Geldmünzen), Stift

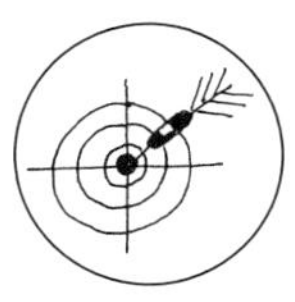

spielerische Wiederholung grundlegender kommunikativer Situationen bzw. Grammatik- und Lexikfelder

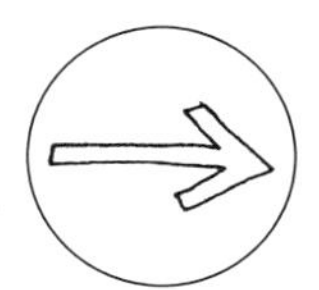

Spielplan und Spielanleitung kopieren

Die Schüler erhalten in Vierergruppen je ein Spielbrett und je eine Spielanleitung. Nachdem jede Gruppe die Spielanleitung gelesen hat, kann das Spiel beginnen. Es können pro Stunde bis zu 3 Runden gespielt werden. Die Schüler spielen nicht nur miteinander, sie sollen auch selbst Punkte für jede Äußerung vergeben.

Vor dem Hintergrund der Stufengerechtheit haben die Schüler bei diesem Konversationsspiel die Möglichkeit, sich zu einer Vielzahl von sie ansprechenden und für sie relevanten Themen zu äußern.

Heidi Anders: Die schnelle Stunde Englisch
© Auer Verlag

Conversation game intermediate level

Rules:

- You must always talk in full English sentences.
- Write down your points on a sheet of paper.
- Ask your teacher when you are not sure if the answers are correct.
- You either get all the points on a field or you get no points.
- The first on the finish field gets another 5 points and the game is over. Count the points of each player. The winner is the pupil with the highest score.

Heidi Anders: Die schnelle Stunde Englisch
© Auer Verlag

Conversation game intermediate level

START	1) Talk about your favourite movie. **3 points**	2) Talk about your dream holiday. **3 points**	3) Talk about your favourite food. **3 points**	4) Why is your best friend your best friend? **2 points**	5) Talk about your favourite band. **3 points**	6) What do you think about smoking? **2 points**	7) *Your friend has got a problem. You must talk to him/her and pause for one round.*	8) Talk about your last weekend. **2 points**	9) *You had a bad grade in your last English test. Go back two fields.*
10) Explain why or why not you like or don't like Christmas. **2 points**	11) How do you celebrate your birthday? **2 points**	12) Where would you like to travel to in your next holidays? **1 point**	13) Persuade your mother or father that you can stay out at night until 12 o'clock. **4 points**	14) What job would you like to do in the summer holidays? **1 point**	15) Talk about your favourite TV programme. **3 points**	16) *It is your lucky day today – 2 more points for everyone.*	17) Tell your mother or father why you need more pocket money. **2 points**	18) Explain the rules of the past progressive. You lose two points if the others think your answer is not good. **4 points**	19) Explain the rules of at least two types of if-clauses. **4 points**
20) Explain what you prefer: winter holidays or holidays on the beach. **2 points**	21) Ask someone a question of your own choice. **1 point**	22) Give ten words that have to do with *friends*. **5 points**	23) *After all these questions you are tired. You need two breaks.*	24) Formulate a correct sentence with the present perfect progressive. **2 points**	25) Who is the perfect mother or father for you? **2 points**	26) What are you going to do this afternoon? **1 point**	27) *You feel so happy today. Go forward two fields.*	28) Give ten words that have to do with sports. **5 points**	29) How do you excuse yourself when you forgot to do your homework? **2 points**
30) You have just won 4 million € in the lottery. What are you going to do with the money? **2 points**	31) Explain the rules of the past perfect. You knew them? 1 more point for everyone. **3 points**	32) Explain your reading habits. **3 points**	33) Name at least six different media. **2 points**	34) How do you explain to your mother or father your bad grade in maths? **2 points**	35) *Take one more break before the finish.*	36) *It is a Monday morning and there is lots of energy in you. Go forward 2 fields.*	37) What makes you laugh? **1 point**	38) Explain which city you prefer: London or New York City. **2 points**	Finish

Heidi Anders: Die schnelle Stunde Englisch
© Auer Verlag

German geography in English

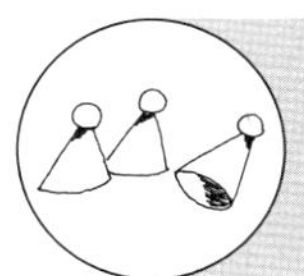

8.–10. Klasse

45 min

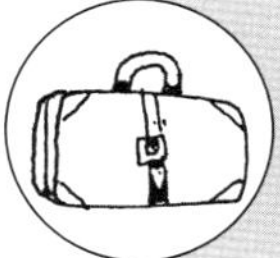

Arbeitsblätter, Atlas oder Korrekturfolie

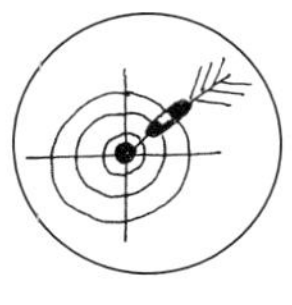

Benennung der Bundesländer Deutschlands und der dazugehörigen Adjektive auf Englisch; Benennung markanter geografischer Punkte Deutschlands

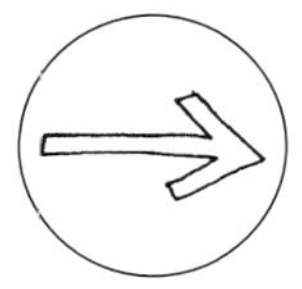

Arbeitsblätter kopieren, Atlas besorgen oder Korrekturfolie vorbereiten

Jeder Schüler erhält das Arbeitsblatt. Zunächst trägt er die in der Liste vorgegebenen Namen der Bundesländer und wichtige geografischer Punkte in die stumme Karte ein. Dann erarbeitet er aus den *„word puzzles"* die jeweils entsprechenden Adjektive und trägt sie in die Tabelle auf dem Arbeitsblatt ein. Abschließend kann zur Kontrolle der Atlas herangezogen oder eine Korrekturfolie auf den Tageslichtprojektor aufgelegt werden.

Bevor die Adjektive erarbeitet werden, kann festgestellt werden, wer die meisten Bundesländer richtig eingezeichnet hat. Die Schüler erhalten keine stumme Karte Deutschlands, sondern versuchen, selbst eine Karte mit den darin enthaltenen Bundesländern zu zeichnen.

Um die Vorgehensweise kommunikativ abzurunden und die erarbeiteten Adjektive situativ anzuwenden, können Sitten und Bräuche der jeweiligen Bundesländern thematisiert werden (*A Bavarian custom is …, It is a Hamburg tradition to …*)

Heidi Anders: Die schnelle Stunde Englisch
© Auer Verlag

Lösungen zu den Adjektiven:
Bavarian, Berlinese, Brandenburgian, Bremen, Hamburg, Hessian, Mecklenburg-West Pomeranian, Lower Saxon, North Rhine-Westphalian, Rhineland-Palatinate, Saarland, Saxony, Saxony-Anhalt, Schleswig-Hostein, Thuringian

German geography in English – page 1

Have a look at the map and at the names of the German states in the chart on the second page. Write them into the map where they belong and add the names of the landmarks you find below the chart on the second page. Now find the corresponding adjectives to the German states by solving the word puzzles.

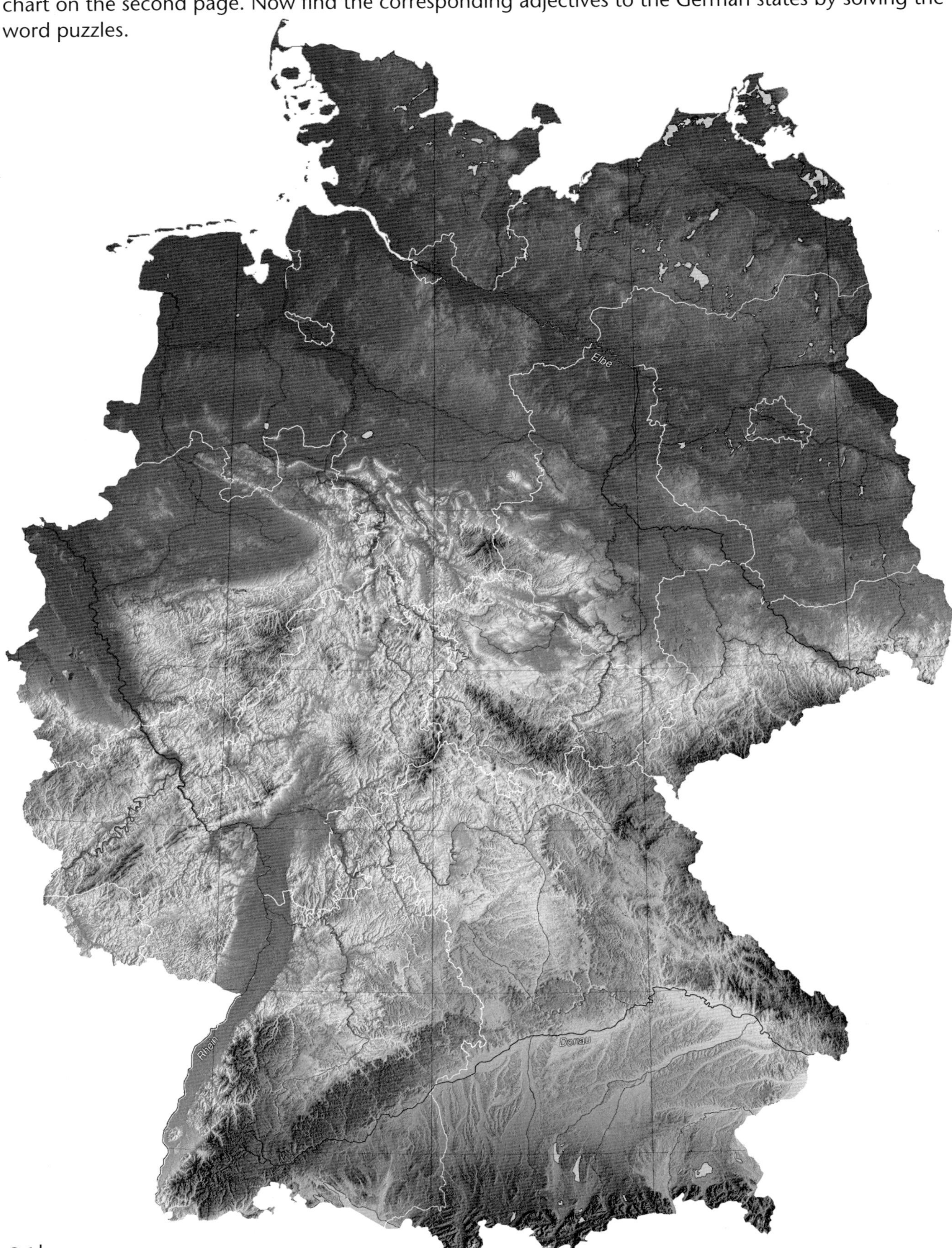

Heidi Anders: Die schnelle Stunde Englisch
© Auer Verlag

German geography in English – page 2

state	word puzzle for the adjective	solved word puzzle
Baden-Wurttemberg	aeBdn-ueerttWbmgr	Baden-Wurttemberg
Bavaria	aaairvBn	
Berlin	nlreseeiB	
Brandenburg	grunarBbnednai	
Bremen	nemerB	
Hamburg	maubrgH	
Hesse	ssaeiHn	
Mecklenburg-West Pomerania	Mecklenburg-West aaeioPmnrn	
Lower Saxony	rewoL noxaS	
North Rhine-Westphalia	North Rhine-tseWnailahp	
Rhineland-Palatinate	enihRdnal-alaPaniett	
Saarland	aaarlnSd	
Saxony	aSonx	
Saxony-Anhalt	ynoxaS-tlahnA	
Schleswig-Holstein	wiglesSch-einlstHo	
Thuringia	aiingrThun	

Heidi Anders: Die schnelle Stunde Englisch
© Auer Verlag

Landmarks: the Alps, Lake Constance, Danube, Baltic Sea, Rhine, Bavarian Forest, Black Forest

Games for beginners

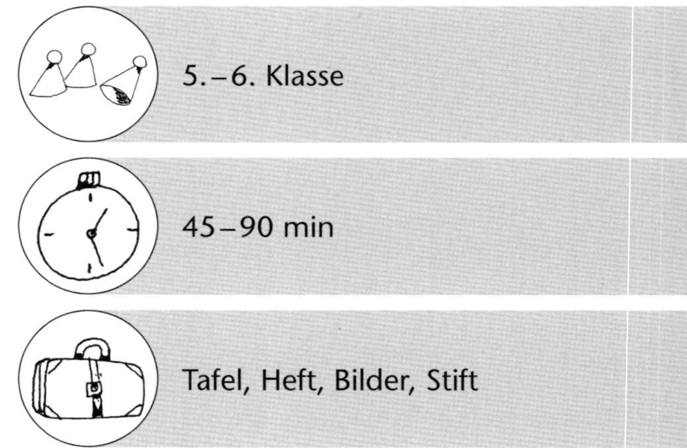

5.–6. Klasse

45–90 min

Tafel, Heft, Bilder, Stift

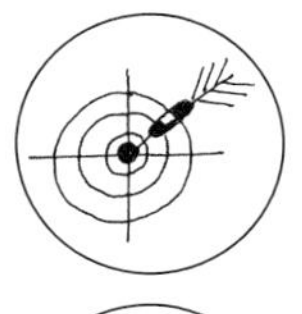

spielerische Wiederholung verschiedener lexikalischer und struktureller Felder durch Interaktion und Bewegung

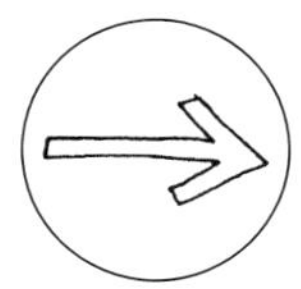

Auswahl der Spiele durch den Lehrer, Vorbereitung von Beispielsätzen, Erklärung der jeweiligen Regeln

Hier werden einige Spiele vorgestellt, aus denen für 45 Minuten eine Auswahl zu treffen ist.

1. <u>The number game:</u> Die Klasse wird in Gruppen eingeteilt, wobei keine Gruppe mehr als 10 Mitglieder haben sollte. Jedem Gruppenmitglied wird eine Zahl zugeteilt, die einer 10er-Einheit zuzuordnen ist (z. B.: 20–29, 40–49 usw.). Die Schüler sitzen in einem Stuhlkreis, bestimmen zunächst einen Startspieler und klatschen danach gemeinsam in folgendem Rhythmus: mit beiden Händen auf die Oberschenkel (1), in die Hände (2), mit dem rechten Daumen (3) nach außen zeigen, mit dem linken Daumen (4) nach außen zeigen. Diese 4 Schritte werden so lange wiederholt, bis alle im gleichen Rhythmus sind, denn er wird während des gesamten Spiels beibehalten. Nun nennt der Startspieler bei (3) seine eigene Zahl, bei (4) die Zahl eines Mitspielers. Der so aufgerufene Mitspieler ist nun an der Reihe, bei (3) seine eigene Zahl und bei (4) die Zahl eines Mitspielers zu nennen. Diese Vorgehensweise kann beliebig oft wiederholt werden.
2. <u>The situation game:</u> Der Lehrer schreibt ca. 5 Verben an die Tafel (z. B. *jump, scream, worry, fall, dance*) und die Schüler schreiben in Partnerarbeit oder in Kleingruppen à 3 Schüler in ihr Heft, wie viele verschiedene Situationen ihnen einfallen, in denen diese Verben vorkommen.
3. <u>The picture game:</u> Der Lehrer bringt ein Bild mit, das entweder an die Tafel gehängt oder als Folie aufgelegt wird. 2 Schüler stehen so zur Tafel, dass sie das Bild nicht sehen können und erhalten von den Mitschülern Informationen zum Bild bzw. eine Bildbeschreibung. Sie müssen zeichnen, was sie „diktiert" bekommen. Anschließend kann das ursprüngliche Bild mit den entstandenen Schülerzeichnungen verglichen werden.
4. <u>The character game:</u> Auf Anweisung des Lehrers zeichnen die Schüler folgende Tabelle in ihr Heft, wobei die Anzahl der Zeilen variiert werden kann:

adjective	1	2	3	4	4	3	2	1	adjective

   Zunächst werden gemeinsam Adjektive gesammelt, die zur Charakterisierung von Personen dienen können. Die Schüler tragen die Adjektive in entsprechende Spalten ein, und zwar links und rechts jeweils das gleiche. Nun schätzt jeder Schüler in den linken Spalten 1–4 seinen links sitzenden Nachbarn ein, wobei 1 „nicht sehr ausgeprägt" und 4 „sehr ausgeprägt" bedeutet. Auf der rechten Seite schätzt sich der Schüler nun sebst ein. Ist die Tabelle ausgefüllt, kann mit den Einschätzungen des Nachbarn verglichen werden.
5. <u>The dictation game:</u> Der Lehrer trägt Sätze vor, die jeder Schüler genau wie vorgetragen in sein Heft schreibt, wenn der Inhalt auf ihn zutrifft. Trifft der Inhalt nicht zu, verändert der Schüler den Satz so, dass er nun auf ihn passt.
   Beispiele: *I have got a pet. / I haven't got a pet.*
   My English book is red. / My English book isn't red.

Heidi Anders: Die schnelle Stunde Englisch
© Auer Verlag

Gedicht über tenses

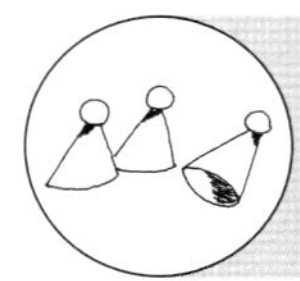

9.–12. Klasse

45 min

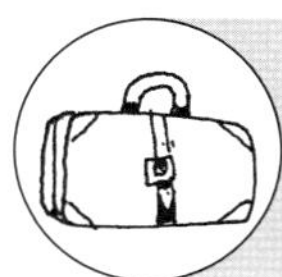

Arbeitsblatt, Lösungsblatt, Heft, Stift, Grammatik

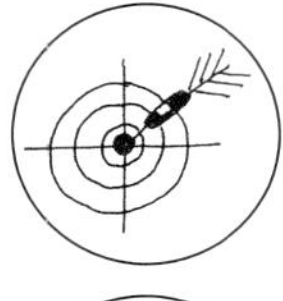

Wiederholung der verschiedenen *tenses* und deren Anwendung

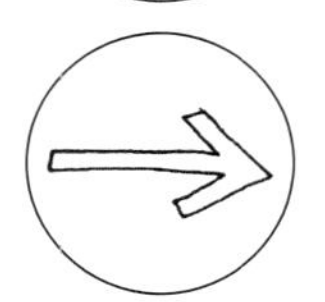

Arbeitsblatt kopieren und zerschneiden, Lösungsblatt kopieren

Jeder Schüler erhält das Gedicht in Streifen à 2 Zeilen zerschnitten und versucht, anhand des Reimschemas und des Inhalts, den Text in die richtige Reihenfolge zu bringen. Der Lehrer greift unterstützend und kontrollierend ein. Ist das Gedicht fertig zusammengesetzt, benennt der Schüler in seinem Heft den Namen der im Text vorkommenden *tenses* und beschreibt kurz deren Verwendung. Bei Bedarf können die bereit gestellten Grammatiken konsultiert werden. Die Lösungen können in der Klasse besprochen oder anhand des Lösungsblatts kontrolliert werden.

Bearbeiten des Gedichts in Partnerarbeit

Lösungen:

Simple present:	Almost every day I learn my English. And it is not as easy as it seems. My brain really cannot finish.	• used to express actions that happen regularly • typical signal words: *always, often, every day, every weekend* etc.
Present progressive:	And now verbs are coming up in my dreams.	• used to express actions that are going on at the moment • typical signal words: *now, at the moment, just* etc.
Past progressive:	I was learning the past progressive.	• used to express actions that were going on at a certain time in the past
Simple past:	But that didn't last. And I almost turned aggressive. For, up jumped the simple past.	• used to express actions finished in the past
Past perfect:	I had expected to be a little faster. The past perfect I had wanted to get.	• used to express actions that happened before another action in the past. • used in if-clauses type III
Conditional III:	I would have been a real master If the conditional had not made me upset.	• used to describe actions that refer to the past but were not fulfilled. • used in the main clause of if-clauses type III.
Present perfect simple:	The present perfect I haven't respected. Though you can believe me how I've tried.	• used to describe actions that started in the past, but have not finished; to describe actions that happened in the past, but are still important for the present.
Present perfect progressive:	The progressive I have been attempting To the rules I have myself tied.	• used to express actions that started in the past, but are still going on up to the present.
will-future:	They say the future won't either be easy.	• refers to actions in the future you cannot plan. You can only make a prediction.
Going to-future:	Of that sentence I'm quite certain But I'm going to make an effort, really.	• refers to actions in the future you can plan.

Heidi Anders: Die schnelle Stunde Englisch
© Auer Verlag

Tense up with English tenses

Read the poem below. Underline and determine the different tenses. Then say when they are used. Write into your exercise book. You can use a grammar book if needed.

Almost every day I learn my English.
And it is not as easy as it seems.
My brain really cannot finish.
And now verbs are coming up in my dreams.

I was learning the past progressive.
But that didn't last.
And I almost turned aggressive.
For, up jumped the simple past.

I had expected to be a little faster.
The past perfect I had wanted to get.
I would have been a real master
If the conditional had not made me upset.

The present perfect I haven't respected.
Though you can believe me how I've tried.
The progressive I have been attempting
To the rules I have myself tied.

They say the future won't either be easy.
Of that sentence I'm quite certain.
But I'm going to make an effort, really.
I don't want it to be another burden.

But the thing that keeps me going,
As I'm fighting with each tense,
Is that maybe in the future
It will perhaps make some kind of sense.

Heidi Anders: Die schnelle Stunde Englisch
© Auer Verlag

Idiomatic expressions

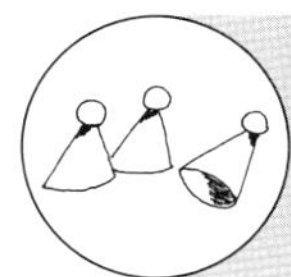

10.–12. Klasse

45 min

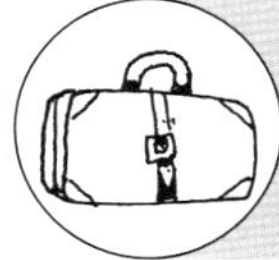

Arbeitsblatt, Lösungsfolie, einsprachiges Wörterbuch, Stift, Heft

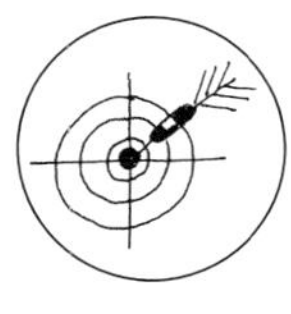

Erweiterung der lexikalischen Kenntnisse im Bereich idiomatischer Ausdrücke

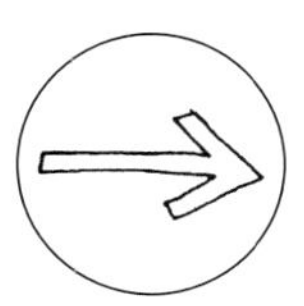

Arbeitsblatt kopieren, Lösungsfolie vorbereiten

Die Schüler erhalten das Arbeitsblatt und ordnen anhand der vorgegebenen Definitionen die in der Box abgedruckten idiomatischen Ausdrücke zu und übertragen sie in ebenso idiomatisches Deutsch. Danach erfolgt für alle ein Vergleich mit der Lösungsfolie.

Zur kommunikativen Vertiefung können im Unterrichtsgespräch typische Situationen zur Anwendung der gefundenen Idiome erörtert werden.

In diesem Zusammenhang kann der Umgang mit dem einsprachigen Wörterbuch intensiviert werden, indem geklärt wird, unter welchem Eintrag Idiome im Wörterbuch verzeichnet sind.

Lösungen:

1. fair-weather friend: Schönwetterfreund
2. sunset years: Lebensabend
3. white lie: Notlüge
4. sacred cow: heilige Kuh
5. tough cookie: zäher Brocken
6. golden rule: goldene Regel
7. hard shoulder: Standstreifen
8. stag night: Junggesellenabschied
9. hen's night: Junggesellinnenabschied
10. sore trail: leidvolle Erfahrung
11. to be wet behind the ears: grün hinter den Ohren sein
12. black looks: böser Blick
13. pain in the neck: Störenfried/Nervensäge
14. couch potato: Stubenhocker
15. sitting duck: leichte Beute
16. four-letter word: Schimpfwort
17. tower of strength: Fels in der Brandung
18. back-seat driver: schlechter Beifahrer
19. top dog: Platzhirsch
20. sleeping policeman: Bodenschwelle
21. armchair traveller: Sofareisender
22. country bumpkin: Landei
23. red-letter day: Tag, den man im Kalender rot anstreichen muss

Heidi Anders: Die schnelle Stunde Englisch
© Auer Verlag

Idiomatic expressions

Read the words in the box and the definitions below. Match the corresponding expressions and definitions by searching for semantic associations. Then translate the idiomatic expressions into idiomatic German and write them into your exercise book.

tower of strength
four-letter word
fair-weather friend
sunset years
sore trail
golden rule
country bumpkin
hard shoulder
sitting duck
to be wet behind the ears
back-seat driver
top dog
stag night
red-letter day
black looks
armchair traveller
white lie
hen's night
couch potato
sacred cow
sleeping policeman
tough cookie
pain in the neck

1. a friend only for as long as things are going well: __________
2. the years after one's retirement: __________
3. a lie that is not serious, a lie told to avoid upsetting someone: __________
4. someone / something considered to be exempt from criticism / questioning: __________
5. someone who is clever and successful and defends what he/she does: __________
6. a wise rule, the best rule: __________
7. the area beside a road where drivers can stop when they are in trouble: __________
8. the night before a man's wedding which he spends with his male friends: __________
9. the night before a woman's wedding which she spends with her girlfriends: __________
10. a painful, disagreeable experience: __________
11. inexperienced youth: __________
12. angry or revengeful looks: __________
13. a real nuisance, a source of continuous annoyance: __________
14. someone who spends most of his/her time sitting at home: __________
15. an easy and obvious target: __________
16. a word you should not say because it is offensive: __________
17. a person one can always turn to for support: __________
18. a passenger in a car who gives unwanted advice how to drive: __________
19. a dominant person: __________
20. narrow raised part in a road which makes traffic go slowly: __________
21. someone who talks or reads about being a traveller but does not travel: __________
22. a rude word for someone from the countryside: __________
23. a day of special importance: __________

Heidi Anders: Die schnelle Stunde Englisch
© Auer Verlag

Lesespiele

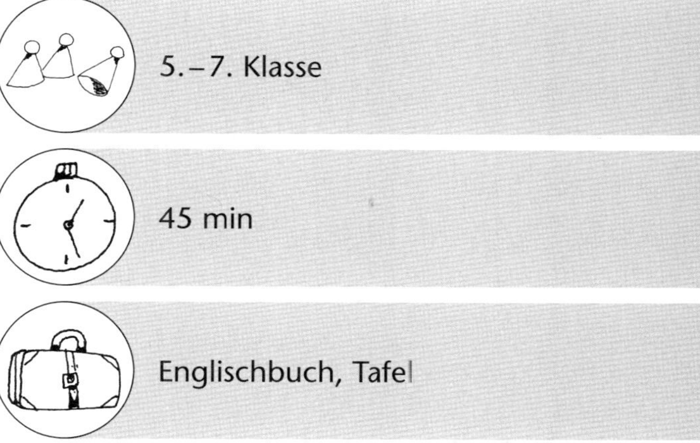

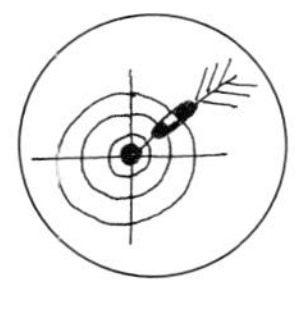

Festigung des lauten Vorlesens anhand aktueller oder zurückliegender Lehrbuchtexte

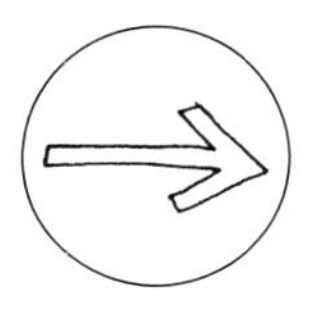

Klasse in Gruppen à 4 Schüler aufteilen

Hier werden 2 Lesespiele vorgestellt, die beliebig oft nacheinander durchgeführt werden können.

1. Read and knock: Die Schüler haben das geöffnete Englischbuch vor sich. Ein Schüler beginnt damit, den vom Lehrer benannten Text zu lesen. Sobald die Mitschüler einen Lesefehler hören, klopfen sie mit der Faust auf den Tisch. Der Schüler, der den Fehler am schnellsten erkannt hat, darf weiterlesen, und zwar indem er den Satz, in dem der Lesefehler gemacht wurde, nochmals von Beginn an liest. Der Fehler selbst soll dabei nicht genannt werden. Dieses Prozedere kann beliebig oft wiederholt werden.

2. Gruppenlesewettbewerb: Die Klasse wird in Leseteams à 4 Schüler eingeteilt, wobei die Schüler ihrem Team einen Namen geben können. Die Schüler öffnen ihre Englischbücher und benennen pro Leseteam einen Schüler, der zunächst für das Team lesen soll. Er darf so lange lesen, bis er einen Fehler macht. Die Zeilen, die fehlerfrei gelesen wurden, können von jeder Gruppe gezählt und vom Lehrer an der Tafel für jedes Team notiert werden. Diese Vorgehensweise kann in mehreren Durchgängen und anhand verschiedener Texte wiederholt werden. Es sollte darauf geachtet werden, dass jedes Team gleich oft an der Reihe ist. Sieger ist das Team mit den meisten korrekt gelesenen Zeilen.

Heidi Anders: Die schnelle Stunde Englisch
© Auer Verlag

Mathematics in English

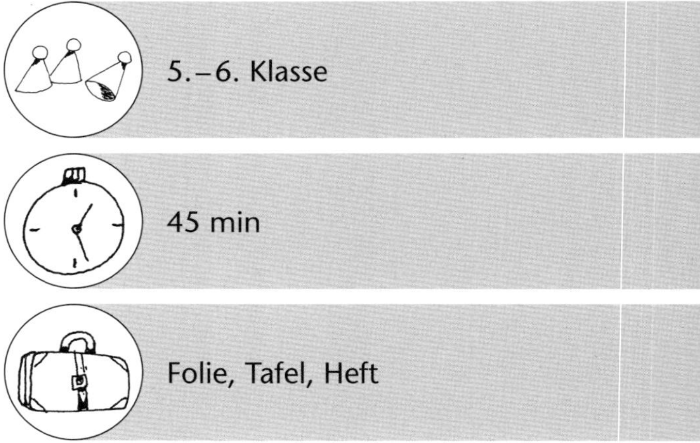

5.–6. Klasse

45 min

Folie, Tafel, Heft

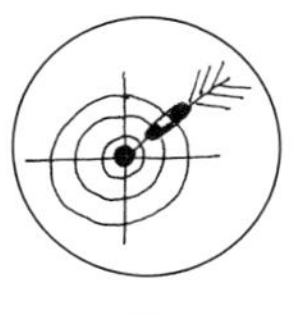

Benennung der aus der Grundschule bekannten Grundrechenarten und einfacher gymnasialer Mathematik auf Englisch

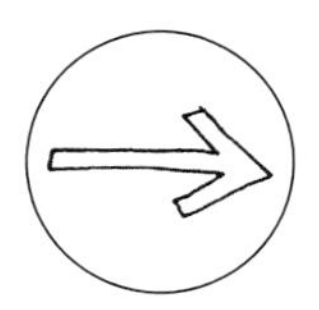

Folie kopieren

Die Schüler werden anhand der Folie mit den mathematischen Begriffen der Grundrechenarten bzw. einfacher Mathematik auf Englisch vertraut gemacht. Dies kann durch Chorsprechen vermittelt werden oder auch durch einfache Abwandlung der Beispiele. Als erste Variante kann ein Schüler in die Lehrerrolle schlüpfen und mit den Mitschülern einfache Rechnungen auf Englisch durchführen, um das Gelernte zu festigen. Als zweite Variante kann in einen Wettbewerb eingestiegen werden, indem die Klasse in 2 Teams eingeteilt wird, die mündlich Rechnungen bestreiten müssen und je 1 Punkt für ihr Team pro richtige Lösung gewinnen können. Als dritte Variante kann ein Spiel zwischen 2 Teams durchgeführt werden, indem der Lehrer ein Ergebnis nennt und die Schüler eine Rechnung aufstellen müssen, die zu dieser Lösung führt.

Heidi Anders: Die schnelle Stunde Englisch
© Auer Verlag

Mathematics in English

3 + 7	three plus seven / three and seven
12 – 6	twelve minus six / twelve less six
10 · 4	ten multiplied by four / four times ten
30 : 5	thirty divided by five / thirty through five
=	is equal to / equals
½	a half
¼	a quarter
⅓	a third / one third
⅔	two thirds
¾	three quarters
⅛	an eighth / one eighth
⅝	five eighths

Heidi Anders: Die schnelle Stunde Englisch
© Auer Verlag

Mega mindmap

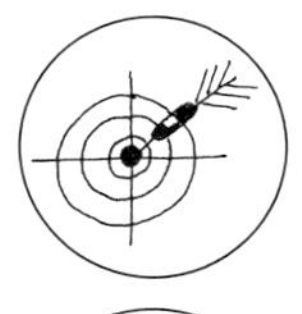

strukturierte Darstellung eines landeskundlichen oder lexikalisch orientierten Themengebiets

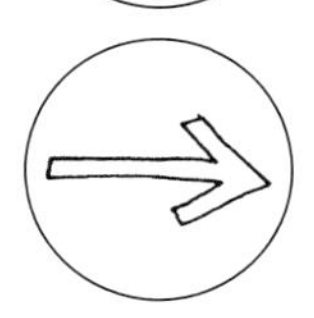

Klasse in Gruppen einteilen, Plakate besorgen

Der Lehrer teilt die Schüler in Gruppen ein und nennt das Themengebiet, zu dem die *mindmap* erstellt werden soll. Dies kann ein landeskundliches Thema sein (z. B. *London, Australia, New York, Hollywood* etc.) oder auch ein lexikalisch orientiertes (z. B. *school, holidays, violence, city* etc.). Die einzelnen Gruppen haben nun 10 Minuten Zeit, um zunächst ein Brainstorming zum Thema durchzuführen und alle Wörter, die ihnen einfallen, in ihr Heft zu schreiben. In einer weiteren Arbeitsphase sollen die Gruppen ein Ordnungssystem finden. Dann erhalten sie vom Lehrer ein Plakat, auf dem sie das Thema systematisiert anhand von Ordnungskriterien bzw. Ober- und Unterbegriffen sehr ausführlich darstellen. Dabei können sie auch gerne kreativ-zeichnerisch tätig werden.

Die Schüler können auf sehr breit gefächerte Art und Weise ihre lexikalischen Kenntnisse sammeln, hierarchisieren und somit eigenständiger arbeiten, als es sich in der normalen Stunde im Rahmen einer Wortschatzwiederholung anbietet.

In Klassen der Mittel- und Oberstufe können die Schüler vor der Klasse ihre *mindmaps* und deren Ordnungskriterien begründend vorstellen.

Beispiel mindmap „London"

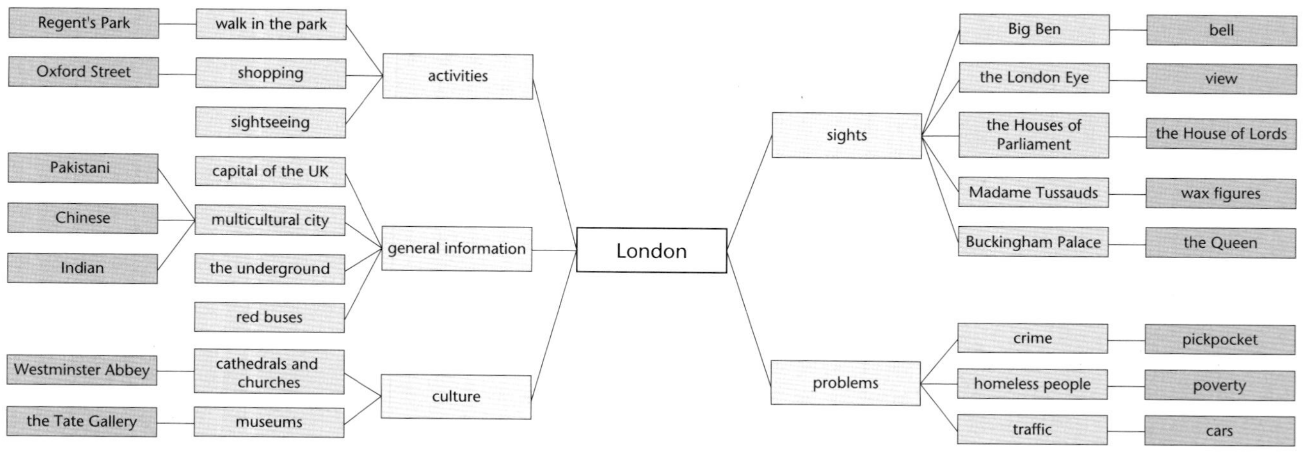

Heidi Anders: Die schnelle Stunde Englisch
© Auer Verlag

Memory® zu false friends

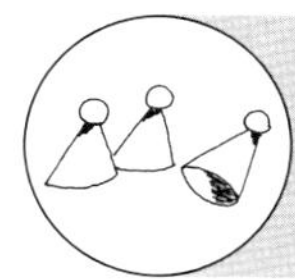

8.–10. Klasse

45 min

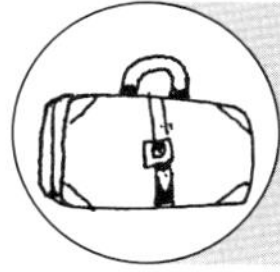

Memorykärtchen, Wörterbücher
Heft, Stift

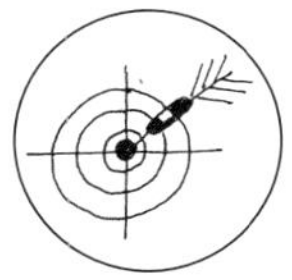

spielerische Wiederholung häufig auftretender *false friends* zur Vermeidung typischer Fehler

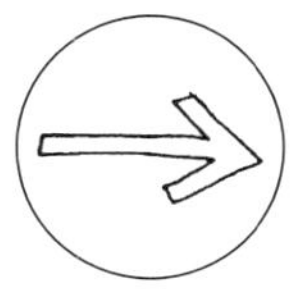

Memory®-Karten in ausreichender Anzahl kopieren und zurechtschneiden, Bereitstellung von Wörterbüchern

Der Lehrer teilt die Klasse in Vierergruppen; jede Gruppe erhält einen Satz Memory®-Karten, die verdeckt auf dem Tisch verteilt werden. Der erste Schüler deckt 2 Kärtchen auf, die er behalten darf, wenn es sich um ein korrektes deutsch-englisches Wortpaar handelt (z. B. *dome* und *Kuppel*, *note* und *Notiz*). Passen die aufgedeckten Kärtchen nicht zusammen, müssen sie wieder umgedreht werden und der nächste Schüler ist an der Reihe. Kennt der Schüler ein Wort nicht, kann er im Wörterbuch nachschlagen. Auf manchen Karten befinden sich ähnliche Ausdrücke im Englischen für das gesuchte Wort. Je nach Dauer einer Spielrunde, kann das Spiel 2- bis 3-mal pro Stunde durchgeführt werden. Sieger ist, wer die meisten Memory®-Paare hat.

Einsatz als Quartett-Spiel: Die Schüler sollten Quartett mindestens zu dritt spielen. Die Kärtchen werden gemischt und einzeln im Uhrzeigersinn an die Mitspieler verteilt. Die Kärtchen werden komplett verteilt, auch wenn dadurch einige Spieler eine Karte mehr bekommen. Der Spieler, der links vom Kartengeber sitzt, beginnt und fragt einen Spieler seiner Wahl auf Englisch nach einer Karte, die ihm zur Bildung eines Quartetts (die jeweils zusammengehörenden 2 Wortpaare, z. B. *dome/Kuppel*, *Dom/cathedral*) fehlt. Man darf nur nach einer Karte fragen, wenn man vom betreffenden Quartett mindestens eine Karte in der Hand hält. Hat der gefragte Schüler die Karte auf der Hand, muss er sie dem fragenden Schüler geben und dieser darf weiter fragen, bis ein Spieler die gewünschte Karte nicht besitzt. Hat ein Spieler ein vollständiges Quartett, legt er es offen vor sich auf dem Tisch ab. Wer keine Karten mehr auf der Hand hat, scheidet aus. Das Spiel endet, wenn die Kärtchen aufgebraucht und alle Quartette abgelegt sind. Es wird gezählt, wer die meisten Quartette gesammelt und damit auch gewonnen hat.

Im Anschluss an das Spiel stellen die Schüler eine Liste mit weiteren *false friends*, die sie kennen, zusammen.

Heidi Anders: Die schnelle Stunde Englisch
© Auer Verlag

Memory® zu false friends

ordinary	gewöhnlich *common, average*	ordinär	vulgar
decent	anständig; *well-behaved*	dezent	*discreet, unobtrusive*
murder	Mord; *killing*	Mörder	*killer*
caution	Vorsicht *care(fulness) prudence*	Kaution	*bail*
Christ	Christus, Jesus Christ	Christ	*Christian*
note	Notiz	Note	*mark, grade*
gymnasium	Turnhalle *sports centre*	Gymnasium	*grammar school*
photograph	Bild *picture*	Fotograf	*photographer*

Heidi Anders: Die schnelle Stunde Englisch
© Auer Verlag

Memory® zu false friends

brave	tapfer *courageous*	brav	*good,* *well-behaved*
post	Pfosten, Stelle *pillar, job*	Post	*post office*
pause	Sprechpause, Zögern *hesitation*	Pause	*break*
dome	Kuppel, Gewölbe *vaulted roof*	Dom	*cathedral*
bank	Bank (Geld), Flussufer	Bank	*bench*
chef	Küchenchef, Koch *cook*	Chef	*boss*
handle	umgehen *deal with*	handeln	*bargain* *haggle*
warehouse	Lager *store room*	Warenhaus	*department store*

Heidi Anders: Die schnelle Stunde Englisch
© Auer Verlag

Memory® zum simple past

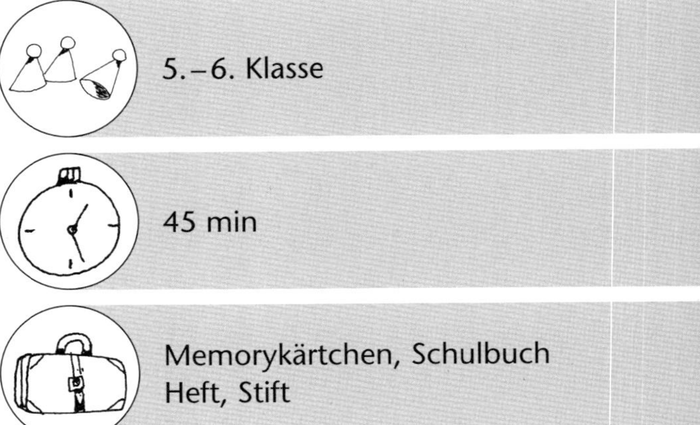

5.–6. Klasse

45 min

Memorykärtchen, Schulbuch
Heft, Stift

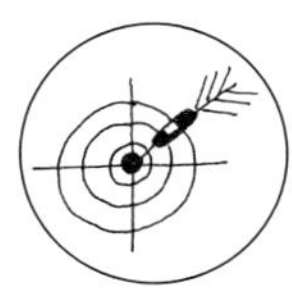

Wiederholung und Festigung regelmäßiger und unregelmäßiger Verbformen im *simple past*

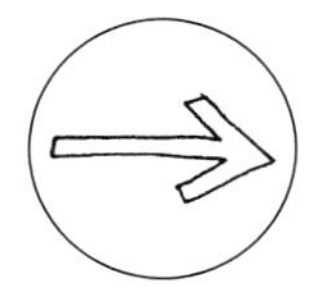

Memorykärtchen in ausreichender Anzahl kopieren und zurechtschneiden

Der Lehrer teilt die Klasse in Vierergruppen; jede Gruppe erhält einen Satz Memory®-Karten, die verdeckt auf dem Tisch verteilt werden. Nacheinander deckt ein Schüler 2 Kärtchen auf, die er behalten darf, wenn es sich um ein korrektes Verbpaar handelt (z. B. *come/came, finish/finished*). Gehören die aufgedeckten Kärtchen nicht zusammen, müssen sie wieder umgedreht werden und der nächste Schüler ist an der Reihe. Je nach Dauer einer Spielrunde, kann das Spiel 2- bis 3-mal pro Stunde durchgeführt werden. Sieger ist, wer die meisten Memory®-Paare hat.

Im Anschluss an das Spiel stellen die Schüler eine Liste mit unregelmäßiger Verben, um weitere Verbpaare zu finden, zusammen.

Heidi Anders: Die schnelle Stunde Englisch
© Auer Verlag

Memory® zum simple past

travel	travelled	visit	visited
I am	I was	you are	you were
she is	she was	we are	we were
they are	they were	try	tried
arrive	arrived	follow	followed
go	went	come	came
take	took	swim	swam
stop	stopped	walk	walked
finish	finished	fly	flew

Heidi Anders: Die schnelle Stunde Englisch
© Auer Verlag

Memory® zum simple past

say	said	work	worked
think	thought	have	had
get	got	see	saw
start	started	like	liked
do	did	happen	happened
give	gave	forget	forgot
know	knew	feel	felt
open	opened	run	ran
eat	ate	make	made

Heidi Anders: Die schnelle Stunde Englisch
© Auer Verlag

One sound, two meanings

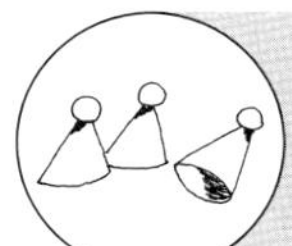

7.–9. Klasse

45 min

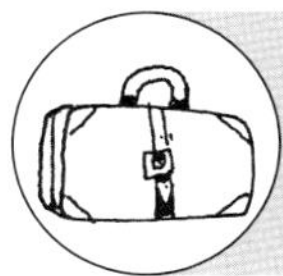

Arbeitsblatt, Lösungsfolie, Stift

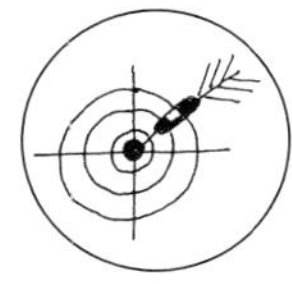

Sicherung phonetischer bzw. lexikalischer Kenntnisse durch die Wiederholung von Homophonen

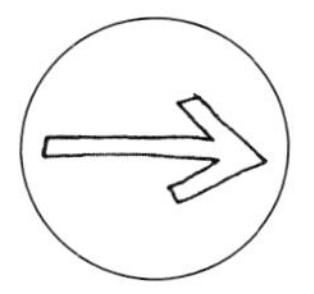

Arbeitsblatt und Lösungsfolie kopieren

Die Schüler erhalten das Arbeitsblatt und finden zunächst die Grundlagen für die homophonen Paare, die geübt werden sollen. Anhand einer weiteren Erklärung bzw. eines Beispiels erkennen sie das gleichlautende Wort und markieren es im Rätselgitter.
Um zu verhindern, dass Schüler in ihren eigenen Textproduktionen Sätze formulieren, die auf der Verwechslung von Homophonen basieren, werden hier typische Beispiele eingeübt.

Bevor der Vergleich der Lösung mit der gesamten Klasse erfolgt, können die Schüler noch bestehende Lücken füllen, indem sie sich bei Mitschülern erkundigen.
Zur kommunikativen Anwendung schreiben die Schüler kurze, lustige Dialoge, in die sie die Fehler bewusst einbauen, die im Gruppen- oder Klassengespräch von den anderen Schülern korrigiert werden.

Lösungen:

Word 1 = pronunciation of word 2	**Word 2 = pronunciation of word 1**
two	too
meet	meat
new	knew
hi	high
threw	through
son	sun
brake	break
week	weak
be	bee
I	eye
hire	higher
fare	fair
wear	where

Word 1 = pronunciation of word 2	**Word 2 = pronunciation of word 1**
no	know
here	hear
by	buy
hole	whole
see	sea
weather	whether
piece	peace
war	wore
won	one
write	right
night	knight
our	hour

A	V	W	H	E	T	H	E	R	K	P	E
E	Z	E	O	X	C	R	I	A	F	E	Y
S	W	N	U	W	H	O	L	E	W	A	E
G	F	K	R	R	I	G	H	T	M	C	N
E	R	O	W	D	H	I	G	H	R	E	D
B	R	E	A	K	T	Q	S	V	A	R	R
E	X	B	U	Y	X	C	B	B	E	E	A
E	E	D	K	N	O	W	Q	V	H	C	D
T	R	W	E	A	K	P	J	G	S	C	M
A	E	R	J	S	T	U	I	V	E	B	E
T	H	R	O	U	G	H	X	T	N	L	A
L	W	B	K	N	I	G	H	T	O	O	T

Heidi Anders: Die schnelle Stunde Englisch
© Auer Verlag

One sound, two meanings – page 1

It is your task to fill in the chart below. Read the explanations and examples in the left column first and write down the missing words in column 2. The number of question marks tells you the number of the missing letters. Then think of a word with the same sound but a different meaning. Find it in the second chart called "puzzle" below the first chart, mark it there and write the word in the third column of the first chart. There are some hints to help you in the fourth column.

Explanation, definition	Word 1; pronounces like word 2	Word 2; pronounced like word 1	Hints, to help you find word 2
one, ???, three, four	two	too	= also
After school you want to ???? your friends.			You can eat it.
The opposite of "old" is ???.			The past tense of "to know".
??, my name is Alice.			up in the air
The simple past of "to throw" (?????).			You look ??????? a telescope.
Mother and father, daughter and ???			It shines down on us.
When you stop your bike, you ?????.			Don't ????? the glass.
A ???? has got seven days.			opposite of "strong".
To have and to ?? are frequent verbs.			A very small animal that can sting.
the first person singu-lar (?)			You have got two in your face.
You can ???? an appartment, for example.			opposite of "low", comparative form
On the train you have to pay a ????.			This is the way you should play.
You ???? your clothes.			a question word
The opposite of "yes" is ??.			Do you ???? Paul?

Heidi Anders: Die schnelle Stunde Englisch
© Auer Verlag

One sound, two meanings – page 2

The opposite of "there" is ????.			= to listen
a preposition, you use ?? in passive sentences.			You do it in shops.
When you have a ???? in your trousers, you must mend it.			When you know the complete book, you know the ????? book.
You ??? with your eyes.			You can swim in it.
It's raining today. The ??????? is bad.			= if
Can I have a ????? of cake, please?			opposite of "war".
Make love, not ???.			past tense of "to wear"
Spain ??? the Soccer World Cup in South Africa in 2010.			You need the word when you count.
????? me a postcard from Paris, will you?			= correct
At ????? you can see the stars.			an important person in the Middle Ages
We own this house, its ???s.			= 60 minutes

Puzzle

A	V	W	H	E	T	H	E	R	K	P	E
E	Z	E	O	X	C	R	I	A	F	E	Y
S	W	N	U	W	H	O	L	E	W	A	E
G	F	K	R	R	I	G	H	T	M	C	N
E	R	O	W	D	H	I	G	H	R	E	D
B	R	E	A	K	T	Q	S	V	A	R	R
E	X	B	U	Y	X	C	B	B	E	E	A
E	E	D	K	N	O	W	Q	V	H	C	D
T	R	W	E	A	K	P	J	G	S	C	M
A	E	R	J	S	T	U	I	V	E	B	E
T	H	R	O	U	G	H	X	T	N	L	A
L	W	B	K	N	I	G	H	T	O	O	T

Heidi Anders: Die schnelle Stunde Englisch
© Auer Verlag

Proverbs

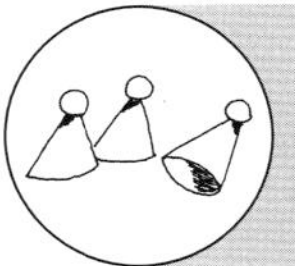

10.–12. Klasse

45 min

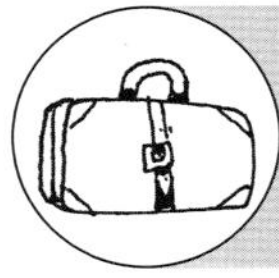

Arbeitsblatt, Lösungen, Stift

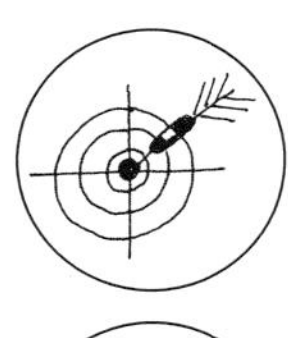

Kennenlernen und Anwendung häufiger englischer Sprichwörter

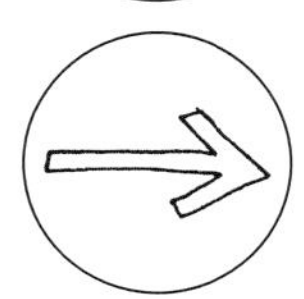

Arbeitsblatt und Lösungen kopieren

Jeder Schüler erhält ein Arbeitsblatt, das er zusammen mit seinem Partner bearbeiten soll. Zunächst soll anhand von *jumbled sentences* das Sprichwort in der richtigen Anordnung der Elemente gefunden werden. Nach der Selbstkontrolle mit einem Lösungsblatt ordnen die Schüler den englischen Sprichwörtern die deutsche Entsprechung zu. Wiederum nach der Selbstkontrolle mit einem Lösungsblatt erfolgt die situative Anwendung, indem ein Lückentext vervollständigt wird.

Die Schüler finden selbst im Lehrer-Schüler-Gespräch Situationen, in denen die Sprichwörter zur Anwendung kommen können.

Zur Beschleunigung und Hilfestellung können einsprachige Wörterbücher zur Verfügung gestellt werden.

Lösungen zu 1.:

1. Too many cooks spoil the broth.
2. Opposites attract.
3. A new broom sweeps clean.
4. All that glitters is not gold.
5. Don't cry over spilled milk.
6. When the cat is away the mice will play.
7. Birds of a feather flock together.
8. You can't eat your pie and have it.
9. There is no smoke without fire.
10. Don't look a gift horse in the mouth.
11. Necessity is the mother of invention.
12. Love is blind.
13. Still waters run deep.
14. Don't count your chickens before they are hatched.
15. The last straw breaks the camel's back.
16. Once burnt, twice shy.
17. The wish is the father of the thought.
18. All's well that ends well.
19. All cats in the dark are grey
20. His bark is worse than his bite.

Lösungen zu 2.:

1n, 2h, 3l, 4q, 5o, 6b, 7p, 8k, 9e, 10s, 11r, 12c, 13m, 14a, 15i, 16d, 17t, 18f, 19j, 20g

Heidi Anders: Die schnelle Stunde Englisch
© Auer Verlag

Proverbs – page 1

1. Find the correct order of the words in the left column so that they make a sensible sentence that is an English proverb. Write the correct proverb in the right column and then compare with the solution.

2. Then find the German equivalent of the English proverbs by matching the fitting numbers and letters. Then look at the solution and compare.

jumbled proverb	1. correct proverb	2. German equivalent
1. cooks/spoil/broth/the/Too/many	Too many cooks spoil the broth.	
2. attract/Opposites		
3. broom/new/A/sweeps/clean		
4. gold/not/that/All/glitters/is		
5. Don't/over/cry/spilled/milk		
6. the/cat/away/is/When/the/mice/play/will		
7. of/a/feather/flock/together/Birds		
8. eat/your/pie/it/have/can't/You/and		
9. smoke/without/fire/There/no/is		
10. horse/look/gift/mouth/Don't/a/in/the		
11. is/the/mother/Necessity/of/invention		

Heidi Anders: Die schnelle Stunde Englisch
© Auer Verlag

Proverbs – page 2

jumbled proverb	1. correct proverb	2. German equivalent
12. is/Love/blind		
13. run/Still/deep/ waters		
14. Don't/count/ chickens/your/ before/they/ hatched/are		
15. breaks/the/ camel's/back/ The/last/straw		
16. burnt/Once/ shy/twice		
17. father/of/the/ thought/is/The/ wish/the		
18. well/well/All's/ that/ends		
19. cats/All/the/in/ dark/grey/are		
20. bark/His/is/wor-se/his/bite/than		

German equivalent:

a) Man soll den Tag nicht vor dem Abend loben.
b) Wenn die Katze nicht zu Hause ist, tanzen die Mäuse auf dem Tisch.
c) Liebe macht blind.
d) Gebranntes Kind scheut das Feuer.
e) Kein Rauch ohne Feuer.
f) Ende gut, alles gut.
g) Hunde, die bellen, beißen nicht.
h) Gegensätze ziehen sich an.
i) Das hat ihm das Genick gebrochen.
j) Nachts sind alle Katzen grau.
k) Wasch mir den Pelz, aber mach mich nicht nass.
l) Neue Besen kehren gut.
m) Stille Wasser sind tief.
n) Zu viele Köche verderben den Brei.
o) Was passiert ist, ist passiert.
p) Gleich und gleich gesellt sich gern.
q) Es ist nicht alles Gold, was glänzt.
r) Not macht erfinderisch.
s) Einem geschenkten Gaul schaut man nicht ins Maul.
t) Da ist der Wunsch Vater des Gedankens.

Heidi Anders: Die schnelle Stunde Englisch
© Auer Verlag

Pseudo-anglicisms

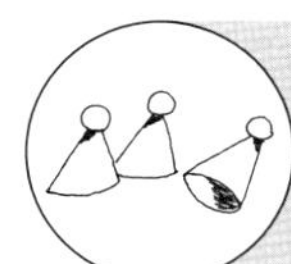

9.–12. Klasse

45 min

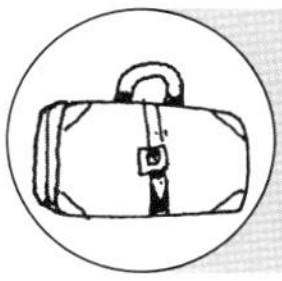

Arbeitsblatt, Internetanschluss, Stift

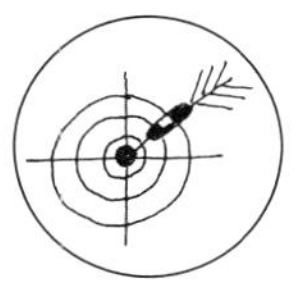

Bewusstmachung typischer Fehlerquellen durch vermeintliche Anglizismen

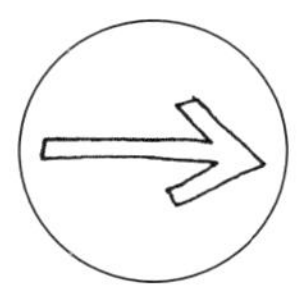

Arbeitsblatt kopieren

Die Schüler erhalten das Arbeitsblatt und ermitteln mithilfe des Internets die Bedeutung des Pseudo-anglizismus.

Folgende Internetadressen können nützlich sein:
http://dict.leo.org/
http://dict.tu-chemnitz.de/
http://www.dict.cc/
http://www.wbuch.de/

Lösungen:

1. handlich, praktisch / mobile (BE), cell phone (AE)
2. öffentliche Aufbarung (AE) / multi screen venue
3. Leichensack / bumbag (BE), fanny bag (AE)
4. alter Mensch / vintage car, classic vehicle
5. Moderator / show host
6. Moderator / host
7. BMW / (video) projector
8. - / flash drive, pen drive
9. - / spa
10. - / male model
11. von einer Gruppe angegriffen werden / bullying
12. rauchen / smoking jacket, dinner jacket, tuxedo (AE)
13. Rätselspiel / jigsaw
14. - / hitchhiker
15. Ausbilder / coach, Turnschuh (BE)
16. Schälen, Häuten / exfoliating scrub

Heidi Anders: Die schnelle Stunde Englisch
© Auer Verlag

Pseudo-anglicisms – misleading "English" words

The following words are used in German. They look very English, but in English they have a completely different meaning. Use the internet to find out what they really mean. Write the correct German translation in the right column.

Misleading German word used as an English word	German translation of the real English meaning	Correct English word
1. Handy	handlich, praktisch	mobile (BE), cell phone (AE)
2. Public viewing		
3. Bodybag		
4. Oldtimer		
5. Showmaster		
6. Talkmaster		
7. Beamer		
8. USB-Stick		
9. Wellnesshotel		
10. Dressman		
11. Mobbing		
12. Smoking		
13. Puzzle		
14. Tramper		
15. Trainer		
16. Peeling		

Heidi Anders: Die schnelle Stunde Englisch
© Auer Verlag

Rätselstunde

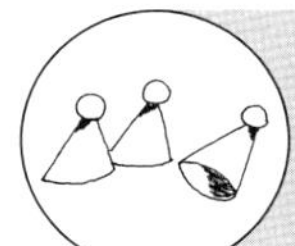

5.–6. Klasse

45 min

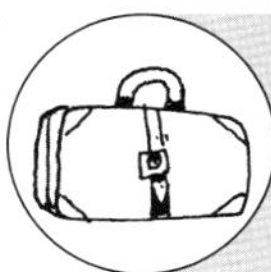

Arbeitsblatt, Lösungsfolie, Stift

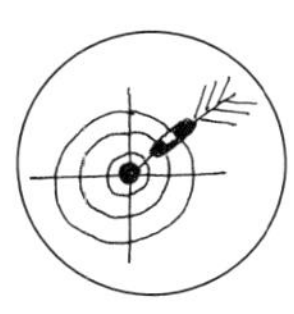

spielerische Sicherung grundlegender lexikalischer Felder

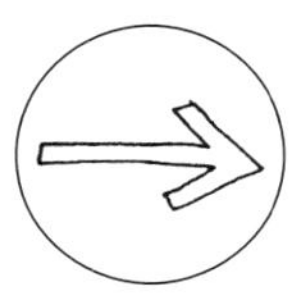

Arbeitsblatt kopieren, Lösungsfolien vorbereiten

Die Schüler erhalten das Arbeitsblatt und lösen in Einzel- oder Partnerarbeit die Rätsel. Abschließend erfolgt eine gemeinsame Korrektur anhand der Lösungsfolie.

Lösungen:

1. School

a. school
b. schoolbag
c. biro
d. chair
e. book
f. pen
g. ruler
h. pencil
i. rubber
j. exercise
k. board
l. folder

1	2	3	4	5	6	7	8	9	10	11	12	13	14	15	16	17	18
s	c	h	o	l	b	a	g	i	r	k	p	e	n	u	x	d	f

2. Animals

tiger, elephant, budgie, lion, rabbit, cat, dog, donkey, mouse, horse, pony, cow, parrot, bird, spider, snake, crocodile, bear, monkey, zebra

3. Parts of the body

a. mouth
b. head
c. toe
d. eyes
e. leg
f. elbow
g. hand
h. foot
i. hair
j. fingers
k. knee
l. nose
m. shoulder
n. arms
o. nails

4. Clothes

Uiotrouserscnkdjwpanoraklnvbdkskirtnkowshirtkdoonsjeansyxycvpulloverwinsocksbutjacketmysjkblousesumm shoesquerdress arbsockjnghatmjlrbootsmymetightsopn

Solve the riddles! – page 1

1. School

Make up correct words with the help of the numbers. Each number stands for one letter.

a. 1 2 3 4 4 5 school

b. 1 2 3 4 4 5 6 7 8 ______

c. 6 9 10 4 ______

d. 2 3 7 9 10 ______

e. 6 4 4 11 ______

f. 12 13 14 ______

g. 10 15 5 13 10 ______

h. 12 13 14 2 9 5 ______

i. 10 15 6 6 13 10 ______

j. 13 16 13 10 2 9 1 13 ______

k. 6 4 7 10 17 ______

l. 18 4 5 17 13 10 ______

1	2	3	4	5	6	7	8	9	10	11	12	13	14	15	16	17	18
s	c	h	o	l													

2. Animals

Put the letter groups together to form correct words on the topic animals. You can find 20 animals.

ake – bit – don – po – d – c – der – be – ger – ti – bra – ze – use – rot – bi – ele – key – c – at – spi – ny – og – ow – phant – rab – bud – ho – mo – cro – gie – ar – co – par – rd – dile – mo – sn – li – rse – on – nk – ey

______

______

______

______

Heidi Anders: Die schnelle Stunde Englisch
© Auer Verlag

Solve the riddles! – page 2

3. Parts of the body

Write down the missing parts of the body.

a. You speak with it: ____________________

b. It is on top of your body: ____________________

c. The finger on the floor: ____________________

d. You have got two in your face: ____________________

e. The longest part you have: ____________________

f. You can bend your arm with it: ____________________

g. You wave with it: ____________________

h. It has got an irregular plural: ____________________

i. It can be black, brown, blonde, red, or even white or gray: ____________________

j. You have got 5 on either side: ____________________

k. You bend it when you sit down: ____________________

l. It is in the middle of your face: ____________________

m. When you are sad you may need one to cry on: ____________________

n. You have two of them on both sides of your body: ____________________

o. Girls like to colour them: ____________________

4. Clothes

Find 15 articles of clothes in this word snake, underline them and write them down.

Uiotrouserscnkdjwpanoraklnvbdkskirtnkowshirtkdoonsjeansyxycvpulloverwinsocksbutjacketmysjk
blouseummshoesquerdressarbsockjnghatmjlrbootsmymetightsopn

____

____

____

____

Heidi Anders: Die schnelle Stunde Englisch
© Auer Verlag

Verb rap

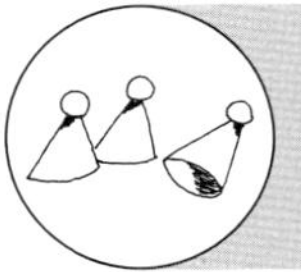

7.–9. Klasse

45 min

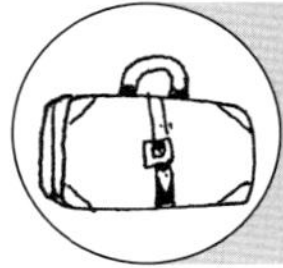

Arbeitsblatt, Schülerbuch / Grammatik, Heft, Stift

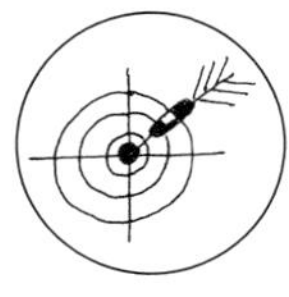

spielerisch-rhythmische Wiederholung und Festigung der unregelmäßigen Verben

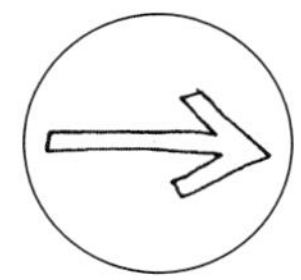

Arbeitsblatt kopieren

Die Schüler erhalten die Verblisten, setzen zunächst den vorhandenen Infinitiv ins *simple past* und benennen die Form des *past participle*. Danach suchen sie nach sich reimenden Paaren, die im Rhythmus eines Rap vorgetragen werden können (Beispiel: *take – took – taken* is like *shake – shook – shaken*; *tell – told – told* is like *sell – sold – sold*). Die Verben dürfen mehr als einmal verwendet werden. Bei Bedarf können Verbformen im Schülerbuch nachgeschlagen oder die Grammatik konsultiert werden.

Wenn jeder Schüler fertig ist, kann die Klasse gemeinsam rapen, indem der Lehrer die 3 Formen eines Verbs vorgibt und die Klasse mit dem dazugehörigen Reim im Klassenchor antwortet. Die Erarbeitung kann statt in Einzelarbeit auch in Partnerarbeit durchgeführt werden.

Je nach Wissensstand der Klasse können zweisprachige Wörterbücher bereitgelegt werden, in denen die Schüler die ihnen unbekannten Verben nachschlagen können.

Beispiellösungen:

bear – bore – borne is like wear – wore – worn
bend – bent – bent is like lend – lent – lent
bet – bet – bet is like let – let – let
bind – bound – bound is like wind – wound – wound
bleed – bled – bled is like feed – fed – fed
blow – blew – blown is like grow – grew – grown
break – broke – broken is like wake – woke – woken
breed – bred – bred is like feed – fed – fed
buy – bought – bought is like fight – fought – fought
catch – caught – caught is like fight – fought – fought
cut – cut – cut is like shut – shut – shut
deal – dealt – dealt is like kneel – knelt – knelt
drink – drank – drunk is like sink – sank – sunk

come – came – come is like run – ran – run
feel – felt – felt is like deal – dealt – dealt
find – found – found is like wind – wound – wound
lay – laid – laid is like pay – paid – paid
meet – met – met is like feed – fed – fed
ring – rang – rung is like sing – sang – sung
seek – sought – sought is like think – thought – thought
shake – shook – shaken is like take – took – taken
sweep – swept – swept is like keep – kept – kept
teach – taught – taught is like bring – brought – brought
throw – threw – thrown is like grow – grew – grown
weep – wept – wept is like keep – kept – kept
shrink – shrank – shrunk is like drink – drank – drunk

Heidi Anders: Die schnelle Stunde Englisch
© Auer Verlag

Verb rap

Have a look at the following list of infinitives. First find the simple past- and past participle-form. Then find pairs that rhyme. Example: take – took – taken / shake – shook – shaken. Write into your exercise book.

bear ____________	bring ____________
grow ____________	ring ____________
think ____________	buy ____________
bend ____________	run ____________
keep ____________	catch ____________
throw ____________	seek ____________
bet ____________	come ____________
kneel ____________	shake ____________
wake ____________	cut ____________
bind ____________	shrink ____________
lay ____________	deal ____________
wear ____________	shut ____________
bleed ____________	drink ____________
lend ____________	sing ____________
weep ____________	feed ____________
blow ____________	sink ____________
let ____________	feel ____________
wind ____________	sweep ____________
break ____________	find ____________
meet ____________	take ____________
breed ____________	fight ____________
pay ____________	teach ____________

Heidi Anders: Die schnelle Stunde Englisch
© Auer Verlag

Schulung der Wahrnehmung

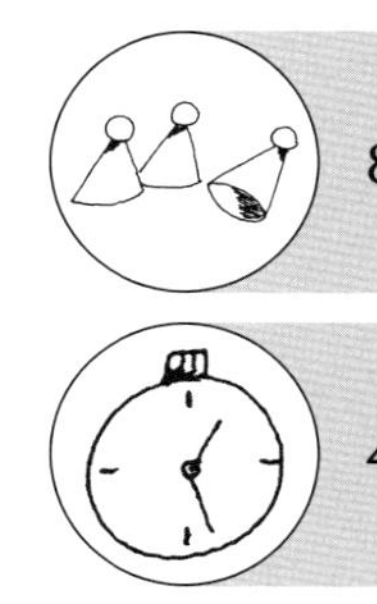

8.–10. Klasse

45 min

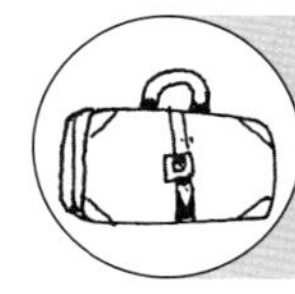

Geldbeutel, Plakate, Stifte

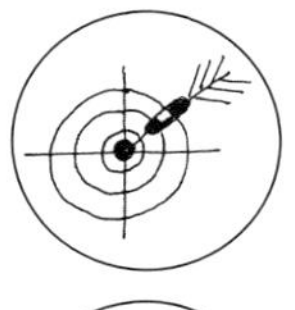

Bewusstmachung der eigenen Wahrnehmung und Aufzeigen von Handlungsalternativen in einer bestimmten Situation

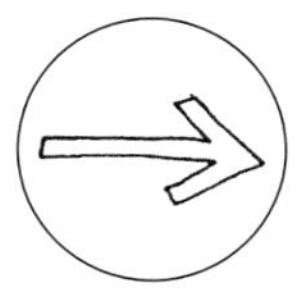

Plakate besorgen, Klasse in Gruppen einteilen

Ein Geldbeutel wird auf das Lehrerpult gelegt. Der Lehrer geht mit einem Schüler vor die Tür und erklärt ihm, dass er vor der Tür warten soll, bis er gerufen wird, dann hereinkommen und den Geldbeutel an sich nehmen soll. Der Lehrer geht in das Klassenzimmer zurück und informiert die Schüler darüber, dass sie sich vorstellen sollen, sie seien die einzigen Personen im Raum. Sie sollen beobachten, was der hereinkommende Schüler macht. Dann bespricht der Lehrer im Unterrichtsgespräch mit den Schülern, was sie gesehen haben, wobei die häufigste Antwort Diebstahl sein wird. An diesem Punkt erhalten die Schüler in Dreiergruppen Plakate, auf denen sie auf einer Ebene die Variante „Diebstahl" und auch andere Erklärungsmöglichkeiten für die Situation aufnehmen. In weiteren Schritten bzw. darstellenden Ebenen sollen die Schüler erarbeiten, welche Handlungsmöglichkeiten sich aus dem jeweils Wahrgenommenen für den „ertappten" bzw. „beobachtenden" Schüler ergeben (Beispiel auf S. 57). Nach Fertigstellung der Plakate präsentieren einige Gruppen ihre Ergebnisse. Abschließend werden in einem gemeinsamen Unterrichtsgespräch einerseits der Begriff Wahrnehmung und andererseits auch mögliche Folgen aus Handlungen besprochen, um die Schüler zu einem reflektierten Umgang mit ihren eigenen Handlungen anzuregen.

Wir sind oft bei der Wahrnehmung von Situationen und bei der Reaktion darauf stark von der nahe liegendsten Erklärungsmöglichkeit bestimmt. Die beschriebene Situation soll dazu anregen, über den Tellerrand hinauszudenken, um mögliche Alternativen zu suchen, die eigene Reaktion auf eine Situation zu problematisieren und zu hinterfragen.

Possible alternatives: What can be done when a person is seen taking a purse:

a) possible explanations why: the person is a thief, the person has been told by the owner to fetch the purse; the person knows whose purse it is and he/she thinks that the owner has forgotten or lost it and he/she wants to give it to the owner

b) possible actions carried out by the observer (first level): the observer can report to the police what he/she has seen; he/she can inform the headmaster; he/she can talk to a teacher; he/she can ignore the scene; he/see can try to talk to the "thief" and find out the reason for taking the purse; he/she can try to bribe the "thief"

c) possible actions carried out by the "thief"(first level): he/she can put the purse back; he/she can turn aggressive; he/she can invent a story; he/she can offer money to the observer

d) possible actions carried out by the persons mentioned on the first level: the police can talk to the "thief's" parents; the headmaster can give a fine or be generous and speak out a warning; the teacher can tell the headmaster or talk to the "thief" and find out what has happened in order to help; the "thief" can deny or admit what has happened; the observer can tell others what he/she has seen

Heidi Anders: Die schnelle Stunde Englisch
© Auer Verlag

Schulung der Wahrnehmung

Heidi Anders: Die schnelle Stunde Englisch
© Auer Verlag

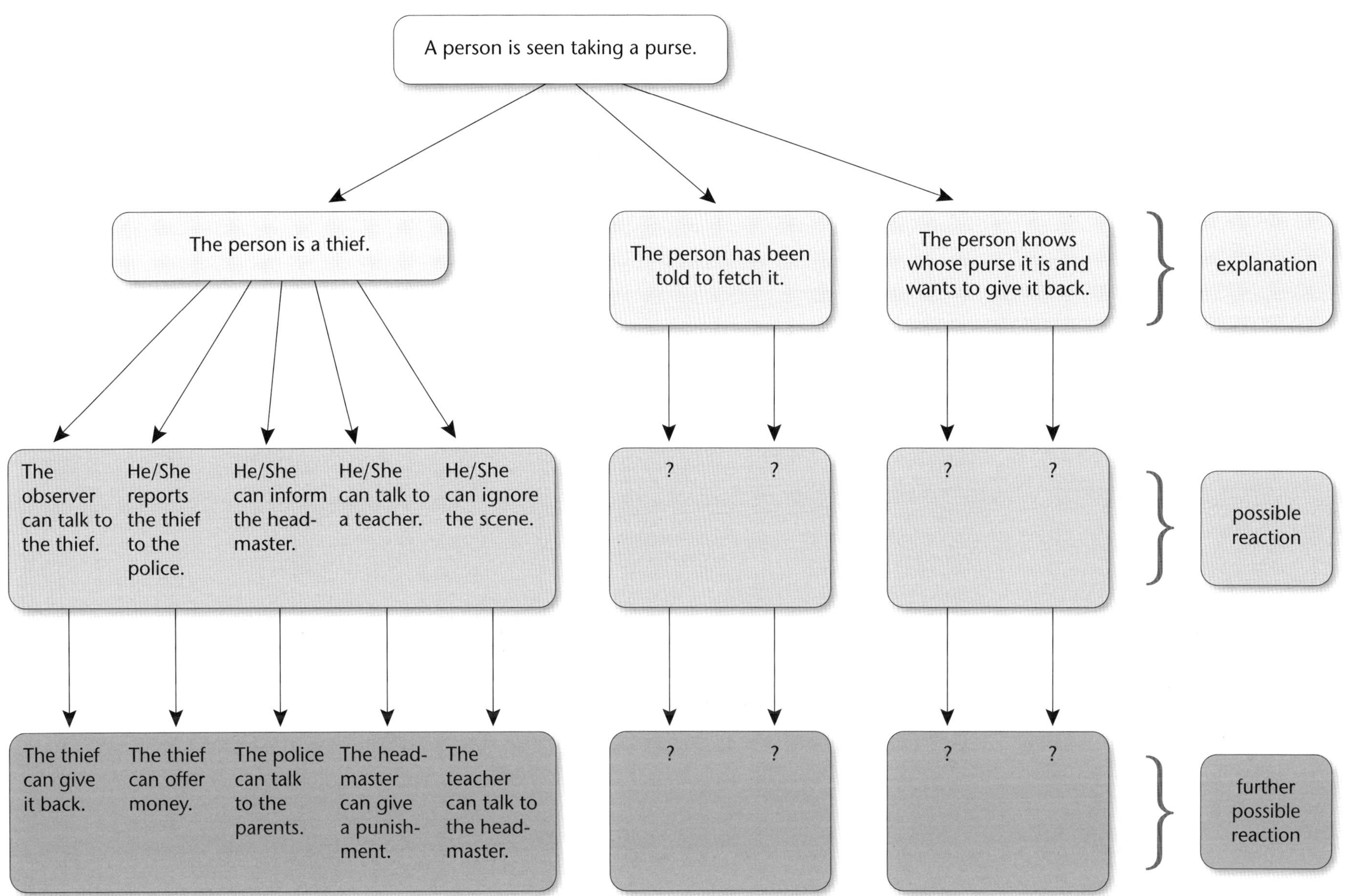

Stylistic devices

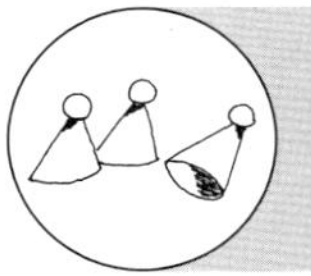

10.–12. Klasse

45 min

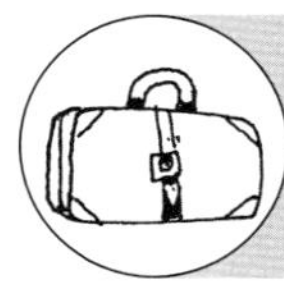

Arbeitsblatt, Lösungsfolie, Stift

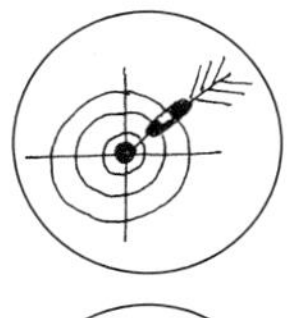

Wiederholung und Festigung gängiger rhetorischer Mittel

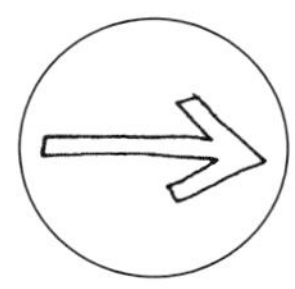

Arbeitsblatt und Lösungsfolie kopieren

Jeder Schüler erhält das Arbeitsblatt mit dem word search-Rätsel, in dem sich 13 Beispiele für Stilmittel verstecken. Nachdem sie identifiziert wurden, entwirft jeder Schüler jeweils eine kurze Beschreibung.

Wenn genügend Zeit zur Verfügung steht, können die Schüler eigenständig Beispiele für die jeweiligen Stilmittel erarbeiten und den Mitschülern vorstellen.
Die Lösungen können auch gemeinsam mit der Klasse besprochen werden

---

Lösungen:

EXAMPLE	STYLISTIC DEVICE	DESCRIPTION
Foul is fair and fair is foul.	alliteration	repetition of a sound at the beginning of neighbouring words
A man without ambition is dead. A man with ambition but no love is dead.	anaphora	sentences start with the same word/phrase
Been to the football stadium lately?	ellipsis	omitting words
All the world's a stage.	metaphor	image used to describe something.
The world is like a stage.	simile	comparison using like or as
Seven days without water makes one weak.	pun	play on words
My shopping bag weighs a ton.	hyperbole	exaggeration
The sun is smiling on us today.	personification	presenting ideas, objects, animals as persons
The boy's mother was not amused when he broke the window.	understatement	playing something down
Who knows how long the financial crisis will last?	rhetorical question	a question with no answer expected
Again and again and again I would like to kiss you.	repetition	using a word or phrase more than once
I have dared to love you wildly, passionately, hopelessly.	enumeration	a row of similar expressions
It's easier for a father to have children than for children to have a real father.	antithesis	opposing words, phrases, structures

S	A	X	C	V	B	B	M	N	S	L	K	J	U	G	N	G	P
I	R	N	D	F	T	G	B	I	V	C	X	H	J	U	O	L	E
S	Y	E	A	Q	Q	H	S	I	M	I	L	E	K	N	I	L	R
P	C	B	V	P	H	E	T	Z	U	I	J	B	C	D	T	H	S
I	W	W	W	Q	H	K	J	G	F	A	S	D	L	E	I	K	O
L	F	G	V	T	B	O	C	F	G	H	E	H	K	R	T	L	N
L	S	D	I	T	Z	G	R	K	V	B	N	H	N	S	E	F	I
E	Q	T	Q	W	W	E	R	A	M	E	D	Y	V	T	P	N	F
D	N	D	M	E	T	A	P	H	O	R	V	P	B	A	E	Z	I
A	L	L	I	T	E	R	A	T	I	O	N	E	W	T	R	Z	C
W	E	E	R	Q	G	H	V	P	B	X	Y	R	Y	E	G	F	A
N	O	I	T	A	R	E	M	U	N	E	E	B	H	M	D	D	T
N	M	X	D	W	F	R	Z	N	S	Y	D	O	D	E	E	K	I
U	O	I	S	G	S	C	A	X	D	Y	Y	L	G	N	F	L	O
R	H	E	T	O	R	I	C	A	L	Q	U	E	S	T	I	O	N

Heidi Anders: Die schnelle Stunde Englisch
© Auer Verlag

Stylistic devices – page 1

Read the example sentences in the left column and identify them in the word search puzzle below. Then give a definition for each of them which you write down in the right column.

EXAMPLE	STYLISTIC DEVICE	DESCRIPTION
Foul is fair and fair is foul.		
A man without ambition is dead. A man with ambition but no love is dead.		
Been to the football stadium lately?		
All the world's a stage.		
The world is like a stage.		
Seven days without water makes one weak.		
My shopping bag weighs a ton.		
The sun is smiling on us today.		
The boy's mother was not amused when he broke the window.		
Who knows how long the financial crisis will last?		
Again and again and again I would like to kiss you.		
I have dared to love you wildly, passionately, hopelessly.		
It's easier for a father to have children than for children to have a real father.		

Heidi Anders: Die schnelle Stunde Englisch
© Auer Verlag

Stylistic devices – page 2

Find the 13 stylistic devices hidden in this word search puzzle.

S	A	X	C	V	B	B	M	N	S	L	K	J	U	G	N	G	P
I	R	N	D	F	T	G	B	I	V	C	X	H	J	U	O	L	E
S	Y	E	A	Q	Q	H	S	I	M	I	L	E	K	N	I	L	R
P	C	B	V	P	H	E	T	Z	U	I	J	B	C	D	T	H	S
I	W	W	W	Q	H	K	J	G	F	A	S	D	L	E	I	K	O
L	F	G	V	T	B	O	C	F	G	H	E	H	K	R	T	L	N
L	S	D	I	T	Z	G	R	K	V	B	N	H	N	S	E	F	I
E	Q	T	Q	W	W	E	R	A	M	E	D	Y	V	T	P	N	F
D	N	D	M	E	T	A	P	H	O	R	V	P	B	A	E	Z	I
A	L	L	I	T	E	R	A	T	I	O	N	E	W	T	R	Z	C
W	E	E	R	Q	G	H	V	P	B	X	Y	R	Y	E	G	F	A
N	O	I	T	A	R	E	M	U	N	E	E	B	H	M	D	D	T
N	M	X	D	W	F	R	Z	N	S	Y	D	O	D	E	E	K	I
U	O	I	S	G	S	C	A	X	D	Y	Y	L	G	N	F	L	O
R	H	E	T	O	R	I	C	A	L	Q	U	E	S	T	I	O	N

Heidi Anders: Die schnelle Stunde Englisch
© Auer Verlag

Travel quiz

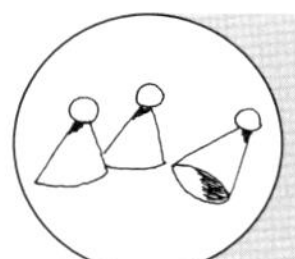

7.–10. Klasse

45–90 min

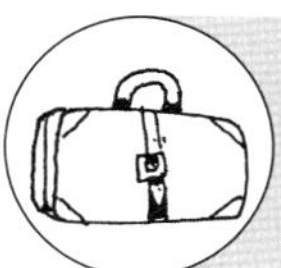

Reisevideo zu einem englischsprachigen Land, Schmierblatt, Stift

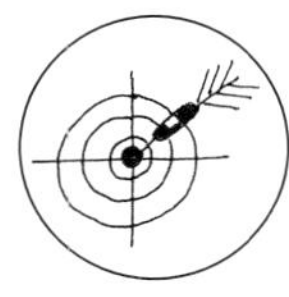

Festigung bzw. Erweiterung landeskundlicher Kenntnisse zu einem englischsprachigen Land

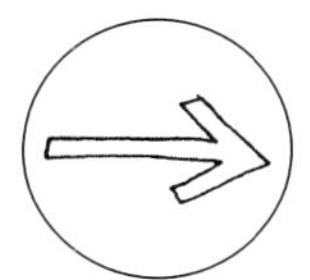

Reisevideo (Videothek der Schule), interessante Passage von ca. 20–25 Minuten auswählen

Schüler reagieren motiviert, wenn sie im Unterricht einen Film ansehen dürfen. Dabei stellt sich oft die Frage, wie die passive Haltung, die die Schüler meist dabei einnehmen, aufgebrochen werden kann und wie originelle Arbeitsaufträge während der *while-viewing* Phase gestellt werden können, die sich kommunikativ nutzen lassen.
Die Schüler sehen die ausgewählte Filmpassage und notieren sich während des Ansehens auf einem Schmierblatt für sie interessante Fakten und Informationen, zu denen sie danach in der Lage sind, auf Englisch Fragen verschiedenen Schwierigkeitsgrads zu stellen. Die Fragen können entweder zu zweit abgearbeitet werden, indem die Schüler sich gegenseitig abwechselnd Fragen stellen. Die Schmierblätter können jedoch auch beim Lehrer abgegeben werden und 3 bis 4 Schüler spielen als Kandidat stellvertretend für eine Mannschaft vor der Klasse. So entsteht ein Wettbewerb, bei dem jedes Team pro richtige Antwort einen Punkt erhält. In dieser Variante können auch Joker eingebaut werden, indem beispielsweise vorher festgelegt wird, wie ein Kandidat seine Teammitglieder zu Rate ziehen darf.

Wenn 90 Minuten zur Verfügung stehen, kann das Quiz systematisiert werden, indem 15 Fragen wie in der Sendung *Who wants to be a millionaire* entworfen und die entsprechenden bekannten Joker eingesetzt werden.

Heidi Anders: Die schnelle Stunde Englisch
© Auer Verlag

Computer words

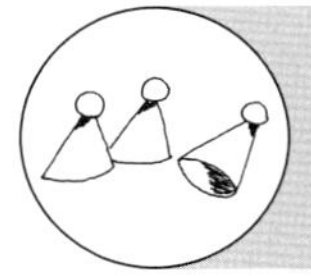

8.–10. Klasse

45 min

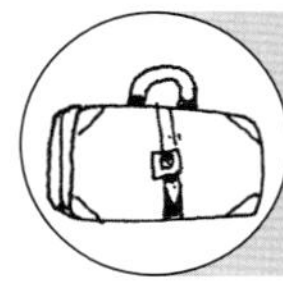

Arbeitsblatt, zweisprachiges Wörterbuch, Stift

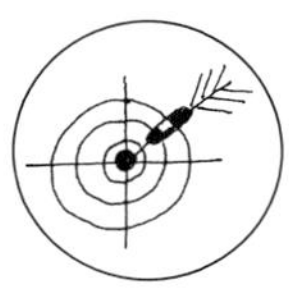

Bewusstmachung von Bedeutungsverschiebungen bei Wörtern aus dem Computerbereich

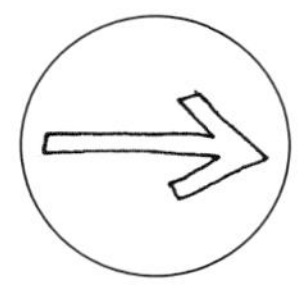

Arbeitsblatt kopieren

Jeder Schüler erhält das Arbeitsblatt und definiert zunächst in der mittleren Spalte auf Englisch die Bedeutung des Computerwortes. Dann sollen die Schüler mithilfe eines zweisprachigen Wörterbuchs die ursprünglichen Bedeutungen in deutscher Sprache finden. Abschließend werden die Ergebnisse besprochen und es wird erörtert, wie es zur jeweiligen Bedeutungsveränderung kommen konnte.

Lösungen:

example of a computer word	explanation of the word in English	original meaning in German
program	a set of instructions that makes a computer perform an operation	(Radio-, TV)-Sendung (AE)
to cut	to remove something	schneiden
to paste	to insert something that you have removed in a new place	einfügen, kleben
application	computer software that does a special job	Bewerbung, Antrag, Einsatz
keyboard	board marked with letters or numbers so that information can be put into a computer	Tastatur (Musikinstrument)
to zip	to minimize data	Reißverschluss zumachen
web	the World Wide Web	Netz, Geflecht
backup	a safety copy of a document which is made in case the original gets lost or damaged	Stütze, Reserve
compress	to make a file smaller	verdichten, zusammendrücken
memory	part of a computer where information is stored	Gedächtnis
tool	device that allows you to do special things in a program	Werkzeug, Hilfsmittel
cursor	sign that can be moved around a computer screen	Leuchtmarker, Blinker
to copy	to get an exact reproduction of something	abschreiben, übertragen
slide	a page in PowerPoint	Dia
to browse	to search for information on the internet	durchstöbern, blättern
to scan	to make a digital copy of a document	überfliegen, abtasten
to log (on)	to enter a password in order to use a computer or a program	aufzeichnen
a virus	a program secretly put into a computer that can destroy information stored in the computer	Virus, Krankheitserreger

Heidi Anders: Die schnelle Stunde Englisch
© Auer Verlag

Computer words now and then

In the chart below, you find words that are related to working with the computer. As you probably know them, you can find an English definition which you can write in the middle column. Then work with an English-German dictionary and find out what the words meant before computers came into use. Write down the German translation in the right column.

example of a computer word	explanation of the word in English	original meaning in German
program		
to cut		
to paste		
application		
keyboard		
to unzip		
web		
backup		
compress		
memory		
tool		
cursor		
to copy		
slide		
to browse		
to scan		
to log on		
a virus		

Heidi Anders: Die schnelle Stunde Englisch
© Auer Verlag

Vokabelspiele

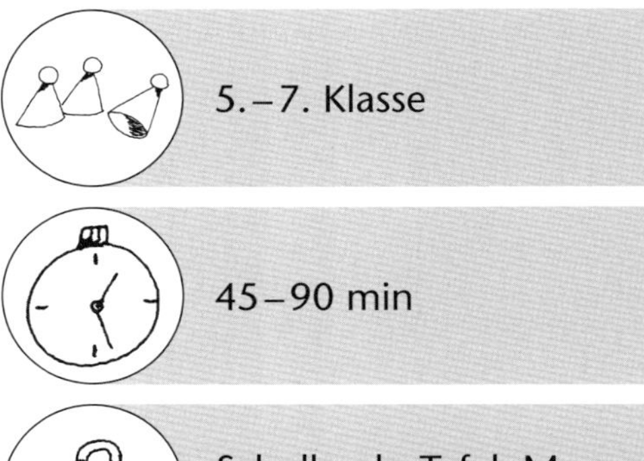

5.–7. Klasse

45–90 min

Schulbuch, Tafel, Magnet, Englischbuch

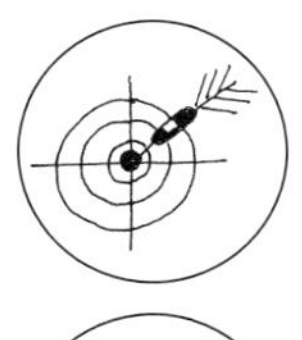

spielerische Wiederholung und Festigung von aktuellem oder bereits gelerntem Vokabular

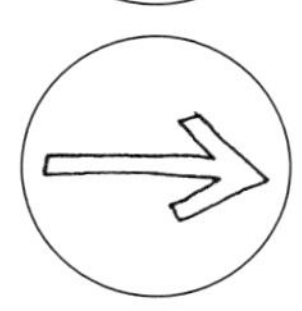

je nach Spiel

Diese 3 Vokabelspiele können innerhalb einer Stunde gespielt werden, aber auch mehrmals hintereinander durchgeführt eine Doppelstunde füllen:

1. Wortkette: Alle Schüler stehen auf. Ein Schüler wird dazu aufgerufen, irgendein beliebiges englisches Wort zu nennen. Der Schüler, der neben ihm steht, muss ein weiteres Wort nennen, das mit dem letzten Buchstaben des vorher genannten Wortes beginnt. Der wiederum nächste Nachbar macht in diesem Prozedere weiter. Es darf kein Wort 2-mal genannt werden. Wenn ein Schüler kein neues Wort weiß, scheidet er aus und muss sich setzen. Braucht ein Schüler länger als 10 Sekunden, um ein Wort zu finden, scheidet er ebenfalls aus. Das Spiel ist zu vorbei, wenn ein Schüler als Sieger übrig bleibt. Es darf kein Hilfsmittel verwendet werden.
2. Einer-gegen-Einen: Alle Schüler stehen auf. Der Lehrer nimmt das Schulbuch zur Hand und schlägt das Vokabelregister auf. Er ruft 2 Schüler aus der Klasse auf und nennt die deutsche Bedeutung eines englischen Wortes. Der Schüler, der als schnellster die englische Vokabel nennen kann, ist weiter im Spiel, der andere scheidet aus und muss sich setzen. Dieses Prozedere wird fortgesetzt, bis nur noch 2 Schüler übrig sind, die in der beschriebenen Weise gegeneinander antreten: Sie bekommen je 1 Punkt für ein schneller genanntes Wort. Der Schüler, der als erster 3 Punkte hat, hat gewonnen.
3. Vokabelfußball: Der Lehrer zeichnet im Mittelteil der geöffneten Tafel ein Fußballfeld, das einen Anstoßpunkt im Mittelkreis und auf jeder Seite ein Tor mit Strafraum hat. Die Klasse wird in 2 Mannschaften eingeteilt. Ein Magnet dient als Fußball und wird zu Beginn des Spiels auf dem Anstoßpunkt platziert. Jeder Mannschaft wird eine Spielhälfte zugewiesen. Der Lehrer stellt nun eine Wortschatzaufgabe (z. B. *What is … in English? Explain the word … in English. Make a sentence with … Give a synonym for … What is the opposite of …?* usw.). Die Schüler, die die Antwort wissen, sollen sich schnellst möglich melden. Der schnellste Schüler, der auch noch die richtige Antwort nennt, erhält 1 Punkt für seine Mannschaft und der Ball wird im Strafraum der gegnerischen Mannschaft platziert. Damit ist der Auftakt zum Spiel gegeben. Die nächste Frage geht nun an die andere Mannschaft; kann von dieser Mannschaft die richtige Antwort gegeben werden, geht der Ball zurück auf den Anstoßpunkt; kann die Mannschaft keine Antwort geben, hat nun die gegnerische Mannschaft die Chance auf 1 Punkt, und zwar dann, wenn ein Schüler dieser Manschaft die Antwort auf die nächste Frage weiß. Der Ball kommt ins Tor und dann zurück auf den Anstoßpunkt. Diese Vorgehensweise kann beliebig oft wiederholt werden.

Ein Schüler übernimmt die Rolle des Moderators.

Heidi Anders: Die schnelle Stunde Englisch
© Auer Verlag

Who, what, where, when

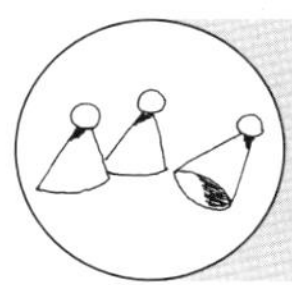

7.–9. Klasse

45 min

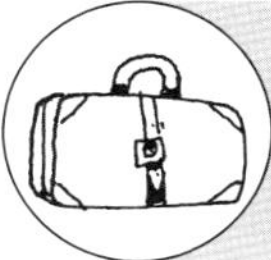

Spielbogen, Fragebogen, Spielanleitung, Schmierblatt, Stift

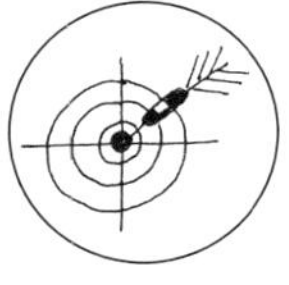

spielerische Wiederholung landeskundlicher Kenntnisse

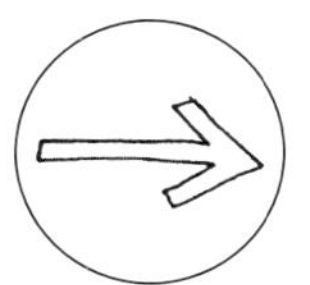

Spielbogen und Fragebogen kopieren, Abdeckkärtchen kopieren und zuschneiden (kann auch von Schülern erledigt werden)

Die Klasse wird in Gruppen à 4 Schüler eingeteilt und erhält pro Gruppe einen Spielbogen und einen Fragebogen. Ein Spieler stellt anhand des Fragebogens Fragen, die anderen 3 sind Spieler. Bevor begonnen werden kann, lesen sich die Gruppenmitglieder die Spielanleitung durch.

Game instructions

Before you start playing, read the instructions carefully and follow them:

- One in your group is the quizmaster, the others are the players. The quizmaster decides which question to ask and when to give a joker. The same question must not be asked twice within one round.
- The quizmaster gets the question sheet and the others must not look at it.
- Put the board on your desk so that everyone can see and read it.
- The quizmaster chooses the first player. The pupil chosen decides which category and for which value he/she would like to answer. If the answer is correct, the pupil gets the value of the question. If he/she does not know the answer or the answer is not correct, he/she loses 50 € for a 50 €, 100 €, 150 € question and he/she loses 100 € for a 200 € or 250 € question. If the question is answered correctly, the player may choose another question. If this second question is not answered or answered incorrectly, the player who reacts fastest can answer the question. You will also find *Jokers* and you get the money without answering a question.
- When a question has been chosen, cover it with a €-sign, so that it won't be chosen a second time.
- The quizmaster will write down the score for every player. The player with the highest score in the end is the winner. The game is over when all the fields have been played with.

Heidi Anders: Die schnelle Stunde Englisch
© Auer Verlag

UK and US history	UK and US geography	UK and US cities	Anything	The English-speaking world
50 €	50 €	50 €	50 €	50 €
100 €	100 €	100 €	100 €	100 €
150 €	150 €	150 €	150 €	150 €
200 €	200 €	200 €	200 €	200 €
250 €	250 €	250 €	250 €	250 €

Heidi Anders: Die schnelle Stunde Englisch
© Auer Verlag

© Auer Verlag

	UK and US history	UK and US geography	UK and US cities	Anything	The English-speaking world
50 €	1. When did Barak Obama become President of the United States? (in 2009) 2. What happened in 1066? (the Norman Conquest) 3. JOKER 4. How many wives did Henry VIII have? (six)	1. What is the name of the river in London? (Thames) 2. What is the name of the mountains in the USA that stretch from north to south? (Rocky Mountains) 3. Where in the USA is California? (in the west) 4. JOKER	1. Where is the Golden Gate Bridge? (San Francisco) 2. Where is Cardiff? (Wales) 3. What is the capital of the USA? (Washington D.C.) 4. Where is Birmingham? (England) 5. Where do the Beatles come from? (Liverpool)	1. What money is used in the UK? (pound) 2. On which side do cars drive in the UK? (on the left) 3. What are the colours of the Union Jack? (white, red, blue) 4. What is the name of the American flag? (stars and stripes)	1. Which jumping animal can you find in Australia? (kangaroo) 2. Which island is west of Great Britain? (Ireland) 3. Which big English-speaking country can be found in Asia? (India)
100 €	1. On which ship did the Pilgrim Fathers sail to the New World? (Mayflower) 2. When did Christopher Columbus discover America? (1492) 3. What was the name of the unsinkable ship that sank in 1916? (Titanic)	1. What are the mountains in Scotland called? (Highlands) 2. Where in the UK can you go skiing? (Scotland) 3. Where in the UK do the people play rugby? (Wales) 4. In which American state is Hollywood? (California)	1. What colour do the taxis in New York City have? (yellow) 2. Where in London can you find the Crown Jewels? (Tower of London) 3. Where is Belfast? (In Northern Ireland) 4. JOKER	1. What is the name of the school Harry Potter goes to? (Hogwarts) 2. How many stars are there on the U.S. flag? (50) 3. JOKER 4. What is Queen Elizabeth's husband's name? (Philip)	1. Where is Hindu a religion? (India) 2. Where can you find many poisonous snakes? (Australia) 3. What do you call India's Hollywood? (Bollywood) 4. What important English-speaking country is next to Australia? (New Zealand)
150 €	1. Who gave the Statue of Liberty to the USA? (the French) 2. What did Sir Walter Raleigh bring to the UK? (potato) 3. Who was the longest-serving British monarch? (Queen Victoria)	1. Which is the southernmost point in England? (Land's End) 2. Which is the highest mountain in Wales? (Snowdon) 3. Which country is south of the USA? (Mexico) 4. Which country is north of the USA? (Canada)	1. In which American city do you find the Space Needle? (Seattle) 2. Where is the Pentagon? (Washington) 3. Which is the longer distance: Denver to Boston or Boston to Miami? (Denver to Boston)	1. Where was William Shakespeare born? (Stratford) 2. Which German basketball player plays is the NBA? (Dirk Nowitzky) 3. When did England win the football World Cup? (1966) 4. What is Big Ben not? (tower)	1. What other language is a main language in Canada? (French) 2. Where was the film "The Lord of the Rings" shot? (New Zealand)
200 €	1. When was the Declaration of Independence signed? (1776) 2. When did the American Civil War take place? (1861-1865) 3. Which English king was beheaded in 1649? (Charles I) 4. What is the name of King Arthur's sword? (Excalibur)	1. Which is the northernmost point in Scotland? (John O'Groats) 2. Which is the highest mountain in Scotland? (Ben Nevis) 3. JOKER	1. What is the capital of Massachusetts? (Boston) 2. Where are the two most famous English universities? (Oxford, Cambridge) 3. Which is the second biggest Scottish city after Glasgow? (Edinburgh)	1. How do you say "lake" in Scottish? (loch) 2. Who wrote the "Harry Potter"-books? (J.K. Rowling) 3. What do Americans eat on Thanksgiving Day? (turkey) 4. How many stripes are there on the American flag? (13)	1. What is the name of the rock in mid-Australia? (Ayers Rock) 2. Where do people speak Zulu? (South Africa) 3. What is the Commonwealth of Nations? (the community of former British colonies)
250 €	1. Which American President was killed in 1963? (John F. Kennedy) 2. What was the name of Columbus' ship? (Santa Maria) 3. When was the Church of England established? (1534)	1. What is the national dish in Scotland? (Haggis) 2. Where is Silicon Valley? (California) 3. Which of the US-states is an island? (Hawaii)	1. What is the capital of Alaska? (Anchorage) 2. In which American city did Al Capone live? (Chicago) 3. In which American state is New Orleans? (Lousiana)	1. Who wrote "Hamlet"? (William Shakespeare) 2. What is the address of the White House? (1400 Pennsylvania Avenue) 3. Which American state is known as the "Lone Star State"? (Texas)	1. Of how many main islands does New Zealand consist of? (2) 2. JOKER 3. On which continent were most of the British colonies? (Africa)

UK and US history	UK and US geography	UK and US cities	Anything	The English-speaking world
€	€	€	€	€
€	€	€	€	€
€	€	€	€	€
€	€	€	€	€
€	€	€	€	€

Heidi Anders: Die schnelle Stunde Englisch
© Auer Verlag

Wortfeld discussion language

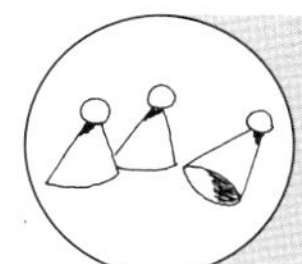

11.–12. Klasse

45–90 min

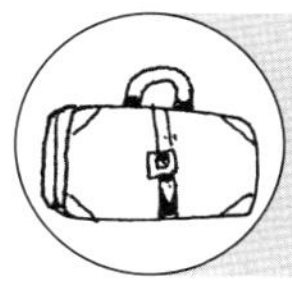

Arbeitsblatt, einsprachiges Wörterbuch, Heft, Stift, Lösungsfolie

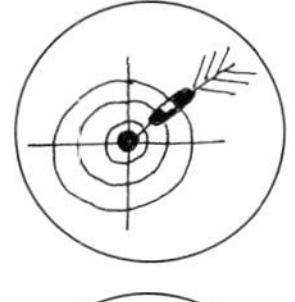

Wiederholung und Kategorisierung von Wortmaterial, das im Zusammenhang mit der mündlichen und schriftlichen Meinungswiedergabe und -begründung verwendet werden kann

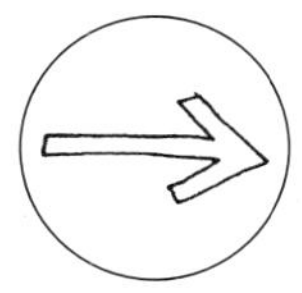

Arbeitsblatt kopieren, Wörterbücher bereitlegen, Lösungsfolie vorbereiten

In Gruppen à 4 Mitgliedern erarbeiten die Schüler semantische Gruppen mit den dazugehörigen Oberbegriffen. Die Schüler halten die Wörter im Heft fest. Bei Bedarf kann das einsprachige Wörterbuch zuhilfe genommen werden. Am Ende sollte eine Kontrolle mittels der Lösungsfolie durchgeführt werden.

Das Material kann auch in Form von Kärtchen präsentiert werden, die die Schüler gruppieren.

Wenn ausreichend Zeit zur Verfügung steht, bietet es sich an, ein aktuelles Thema zur Diskussion zu stellen.

Vorschlag einer möglichen Kategorisierung:

agreement: Absolutely. How very true. I couldn't agree more. I quite agree. That's a good point. That's exactly how I feel. That's what I think. You're so right.	**doubt**: I don't think you realise that … I have my doubts about that. I'm in two minds about that. I'm not so sure about that. There is more to it than that, I think. This sounds good, but … You may be right, but …? You may have a point, but …	**disagreement**: Come on, think about what you have just said. Oh, come off it. That's not how I see it. Well, that doesn't get us very far, does it? You can't be serious.
Asking for clarification: Can you be more precise? Could you be more explicit? Could you dwell on that? Is there any reason why …? What are you driving at? What are you trying to say? What do you mean by …?	**Recommending / suggesting**: I would recommend (doing) … The main priority should be … Consider … Bear in mind that … How about …? Let's … That's all very well, but what about … The proposal should include … The proposal should meet the following requirements: … We need to consider … Why not …?	**Criticism**: It's not as simple as that. Other factors are … That's a very limited view of things. That's simply not true. You seem to have forgotten … You're missing the point.

Heidi Anders: Die schnelle Stunde Englisch
© Auer Verlag

Wortfeld discussion language

Group the following words and expressions according to the semantic fields they belong to.

Could you dwell on that? I'm not so sure about that. Other factors are …

I quite agree. That's not how I see it. Absolutely. That's exactly how I feel.

You seem to have forgotten … How about …? I couldn't agree more.

Bear in mind that … You may be right but …

The proposal should include …

What are you driving at?

Well, that doesn't get us very far, does it?

I have my doubts about that. That's a good point. Is there any reason why …?

This sounds good but … You may have a point, but … We need to consider …

Come on, think about what you have just said.

How very true.

The main priority should be … Why not …? I'm in two minds about that.

Oh, come off it. The proposal should meet the following requirements: …

What are you trying to say? Consider … That's what I think.

You're so right.

There is more to it than that, I think.

Can you be more precise? You may have a point, but …

Let's … That's a very limited view of things. I would recommend (doing) …

I don't think you realise that … That's all very well, but what about …

You're missing the point.

What do you mean by …? Could you be more explicit?

That's simply not true. It's not as simple as that.

You can't be serious.

Heidi Anders: Die schnelle Stunde Englisch
© Auer Verlag

Wortfeld expressions for comment writing

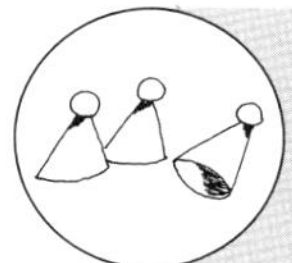

11.–12. Klasse

45–90 min

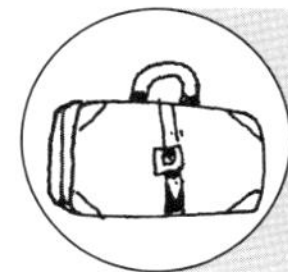

Arbeitsblatt, einsprachiges Wörterbuch, Heft, Stift, Lösungsfolie

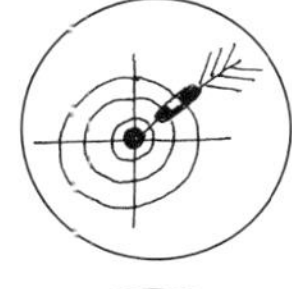

Wiederholung und Kategorisierung von Wortmaterial, das für einen Kommentar verwendet werden kann

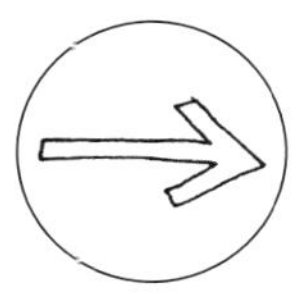

Arbeitsblatt kopieren, Wörterbücher bereitlegen, Lösungsfolie vorbereiten

In Gruppen à 4 Mitgliedern erarbeiten die Schüler semantische Gruppen mit den dazugehörigen Oberbegriffen. Die Schüler halten die Wörter im Heft fest. Bei Bedarf kann das einsprachige Wörterbuch zuhilfe genommen werden. Am Ende sollte eine Kontrolle mittels der Lösungsfolie durchgeführt werden.

Das Material kann auch in Form von Kärtchen präsentiert werden, die die Schüler gruppieren.

Wenn ausreichend Zeit zur Verfügung steht, bietet es sich an, ein aktuelles Thema zur Diskussion zu stellen.

Vorschlag einer möglichen Kategorisierung:

what you think:	**you are for something:**	**you are against something:**
opinion (about, on, of) attitude (to, towards) view (on, about) stance (on, against) conviction <u>collocations:</u> be of the opinion – in my opinion – in/to my mind – in my view	to favour to approve (of) to agree (with, on) to adopt a positive view to support the view to sympathize with the idea	to disapprove (of) to disagree (with, on) to reject to criticize to doubt to oppose to question to take sides against
you would like to make a contrast: on the other hand contrary to in contrast to in opposition to all these arguments on the contrary	**you would like to structure your ideas:** first in the second place furthermore moreover in addition to that all in all taking everything into consideration as a result to sum up summing up	**you would like to illustrate:** for instance for example a case in point is

Heidi Anders: Die schnelle Stunde Englisch
© Auer Verlag

Useful words and expressions for comment writing

Group the following words and expressions according to the semantic fields they belong to with the help of your dictionary. Concerning the words printed in **bold** consult your dictionary to check the prepositions you can / must use. Divide your work sensibly among the group members.

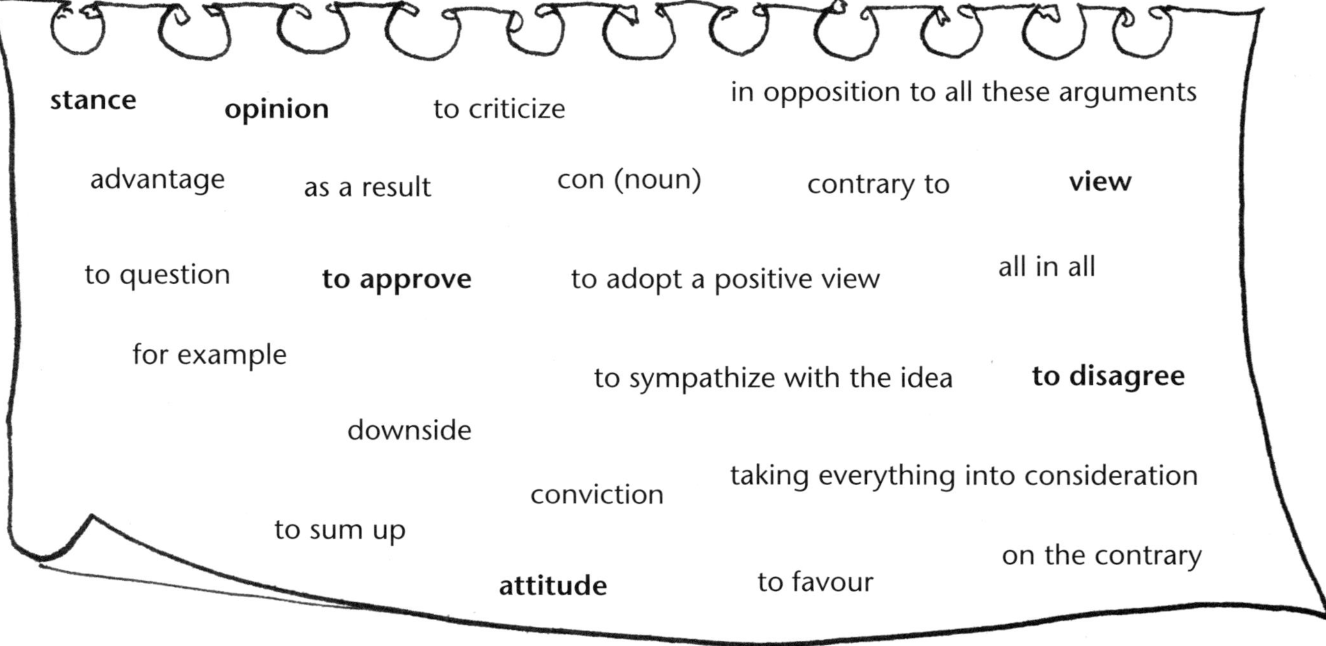

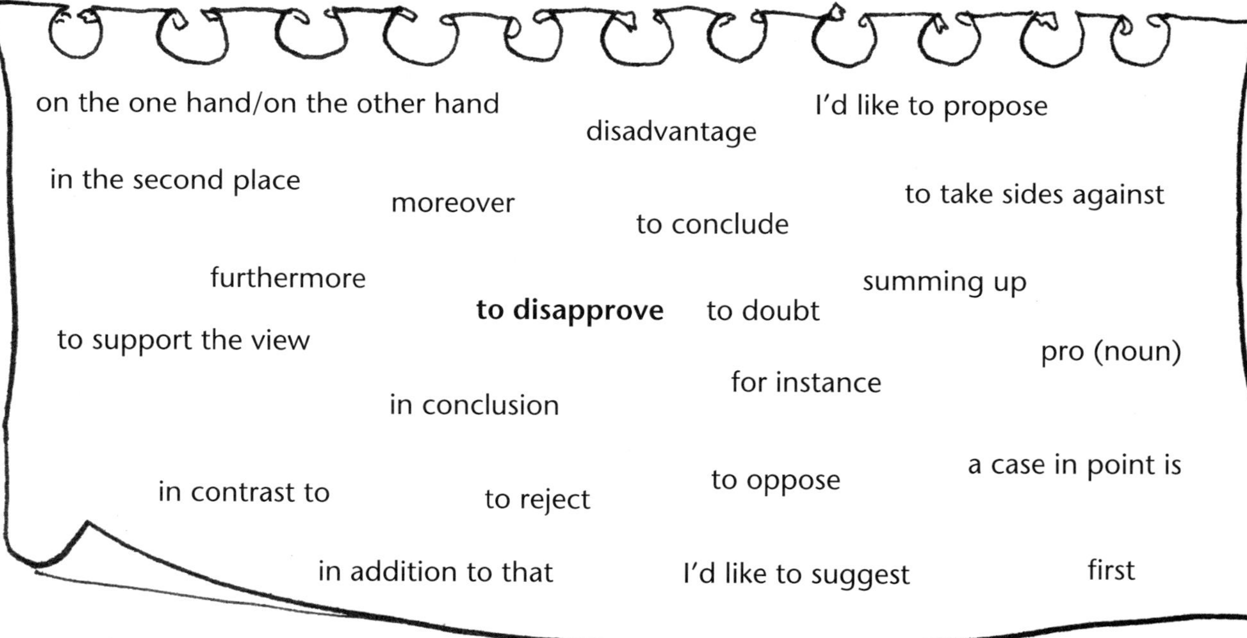

Heidi Anders: Die schnelle Stunde Englisch
© Auer Verlag